税務調査官の視点からつかむ

源泉所得税
の実務と対策

国内外の最新事例による
顧問先へのアドバイス

牧野好孝 監修
杉山茂　上野登　山崎昇 著

第一法規

はじめに

　所得税に関しては、所得者自身がその年の所得金額とこれに対する税額を計算し、自主的に税務署に申告して納付する申告納税制度が採用されていますが、特定の所得については、その所得の支払の際に支払者が所得税を徴収して国に納付する源泉徴収制度が採用されています。

　この源泉徴収制度の対象となる主な所得は、給与所得、退職所得、利子所得等、配当所得、報酬・料金等所得、非居住者等所得ですが、源泉徴収制度により徴収された所得税の額は、源泉分離課税とされる利子所得等や非居住者等所得などを除き、例えば、報酬・料金等に対する源泉徴収税額については確定申告により、また、多くの給与所得に対する源泉徴収税額については年末調整を通じて精算されることになります。

　源泉徴収制度においては、所得税を源泉徴収して国に納付する義務のある者を「源泉徴収義務者」といいますが、この源泉徴収義務者には、法人企業のみならず、協同組合、学校、官公庁なども含まれます。国税庁の統計情報によると、平成30年6月末現在の源泉徴収義務者数は、給与所得354万件、報酬・料金等所得285万件、配当所得15万件、その他8万件となっています。

　源泉徴収制度に基づいて所得の支払者が徴収する所得税は、一般に「源泉所得税」といわれていますが、源泉所得税についての税務調査は、各税務署の調査官が、法人税、消費税の納税義務者でもある源泉徴収義務者に対し、法人税、消費税の調査と同時に行う場合と、一定の源泉徴収義務者に対して源泉所得税についてのみ調査を行う場合があります。国税庁の発表によると、平成29事務年度（平成29年7月〜平成30年6月）における源泉所得税等の調査は11万6千件の源泉徴収義務者に対して実施され、非違があった件数は3万6千件、追徴税額は304億円（本税額274億円、加算税額30億円）であり、そのうち給与所得の追徴本税額が173億円となっています。調査により源泉所得税が追徴される所得としては給与所得が圧

はじめに

倒的に多いことが分かります。また、非居住者等所得については、追徴本税額は78億円で、前事務年度に比べて1.8倍となっており、近年、調査における重点項目となっていることがうかがえます。

　本書では、源泉所得税の調査に対応する税理士の皆さんを念頭に、所得税の源泉徴収制度に関する解説は基本的なものにとどめ、税務調査で問題となりやすい源泉所得税の対象所得の支払について具体的な事例を設定し、「税務調査官の指摘事項」として適正な処理方法を示した上で、その「解説」をすることとしています。さらに、このような指摘を受けないためにはどのような対策等が必要かについて、「顧問先へのアドバイス」「実務のポイントをつかむ」といった項目の中で記述しています。

　事例は、【事例1】から【事例18】までが給与所得等の事例、【事例19】から【事例34】までが非居住者等所得の事例となっています。調査で指摘されるのは、単純なミスで明らかに源泉徴収漏れという場合もありますが、判断に迷うような微妙な場合もあります。後者については、事前に一定の整理をしておくことにより対処することが可能な場合もあります。

　本書が税理士の皆さんをはじめ源泉所得税事務に携わる実務家の方々の参考となれば幸いです。

2019年4月

監修者　　牧野　好孝

税務調査官の視点からつかむ 源泉所得税の実務と対策
国内外の最新事例による顧問先へのアドバイス

はじめに

I 源泉所得税の基本的な仕組み

第1 源泉徴収制度の特色
1 源泉徴収義務者 …………………………………………………………… 2
2 源泉徴収義務者の役割 …………………………………………………… 3

第2 納税地 ……………………………………………………………………… 5

第3 源泉徴収の対象となる支払 ………………………………………………… 6

第4 源泉徴収をする時期
1 納税義務の成立 …………………………………………………………… 8
2 「支払」の意義 …………………………………………………………… 8
3 「支払」とみなす場合 …………………………………………………… 9

第5 納付期限 …………………………………………………………………… 11

第6 納付手続
1 納付方法 ………………………………………………………………… 13
2 納付書の種類 …………………………………………………………… 13
3 納付の際の留意事項 …………………………………………………… 14

第7 不納付加算税等
1 不納付加算税 …………………………………………………………… 17
2 延滞税 …………………………………………………………………… 19

目次

第8 過誤納額の還付と充当

1 過誤納額の還付請求……………………………………………… 20

2 過誤納額の充当………………………………………………… 20

COLUMN 調査対策は日常業務にあり

その1 過誤納と未然防止策……………………………………… 21

Ⅱ 非居住者等に対する源泉課税の仕組み

第1 非居住者等

1 国内法における非居住者等…………………………………… 24

2 租税条約における居住者、受益者…………………………… 25

第2 源泉徴収課税の対象となる国内源泉所得

1 源泉徴収課税の対象となる国内源泉所得（国内法）……………… 27

2 租税条約の規定………………………………………………… 28

3 国内法と租税条約との関係…………………………………… 31

4 租税条約の適用手続…………………………………………… 33

5 民法組合等の外国組合員に対する源泉徴収制度………………… 35

Ⅲ 源泉所得税調査

第1 源泉所得税調査の概要……………………………………… 40

第2 源泉所得税調査の意義……………………………………… 41

第3 源泉所得税の調査体系

1 源泉所得税調査の区分………………………………………… 42

2 源泉所得税調査の所掌部署…………………………………… 42

第4 調査手続……………………………………………………… 47

1 事前通知………………………………………………………… 49

2 調査書類の準備依頼…………………………………………… 50

3	実地調査の実施	52
4	帳簿書類等の留置き（預かり）	53
5	調査終了時の手続	54
6	調査終了後の手続	56

COLUMN 調査対策は日常業務にあり
その2 重加算税の賦課事例 …………………… 61

第5 源泉所得税と税理士業務

| 1 | 税理士の役割 | 62 |
| 2 | 源泉所得税の指導に当たっての視点 | 63 |

COLUMN 調査対策は日常業務にあり
その3 「課税しなくて差し支えない」とは …………… 65

第6 不服申立て

1	再調査の請求	66
2	審査請求	67
3	訴訟	67

Ⅳ 税務調査官の視点からみる調査時のポイント

第1 源泉所得税調査の動向 ………………………………… 71

第2 納付事績からみた視点 ………………………………… 74

第3 法人税申告書等からみた視点 ………………………… 76

第4 各種資料情報からの視点

1	マスコミ情報	87
2	扶養控除等の是正に関する資料情報	87
3	法定調書（支払調書）	88
4	租税条約などに基づく情報交換制度	90
5	他の調査等からの波及	90

目次

COLUMN 調査対策は日常業務にあり
その4 「指導事項」を巡る誤解 ……………………………………… 93

Ⅴ 税務調査における指摘事例と留意事項

1 源泉徴収義務を負う者に関する事例………………………………… 96
▶事例1 親睦団体の源泉徴収義務 ………………………………… 97

2 給与等の該当性に関する事例(外注費など)………………………… 100
▶事例2 給与か外注費か〜給与所得か事業所得かの該当性〜 ……… 102

3 税額表の適用に関する事例………………………………………… 106
▶事例3 短期雇用者に適用する税額表 …………………………… 107

4 年末調整に関する事例……………………………………………… 110
▶事例4 年末調整(1)〜扶養控除等申告書などの記載誤り〜 …… 111
▶事例5 年末調整(2)〜住宅ローンを借り換えた場合等〜 ……… 115

5 各種手当に関する事例……………………………………………… 119
▶事例6 給与総額に含めて支給する通勤手当 …………………… 120
▶事例7 定額で支給する出張旅費 ………………………………… 123
▶事例8 単身赴任者等の帰宅旅費 ………………………………… 127
COLUMN 調査対策は日常業務にあり
その5 「是認」と「否認」……………………………………… 131
▶事例9 外国人社員のホームリーブ費用………………………… 132
▶事例10 職務発明に係る報償金等 ……………………………… 135

目次

6 現物給与に関する事例 ……………………………………………… 140
▶ 事例 11　永年勤続者表彰として支給する旅行券 ……………… 141
▶ 事例 12　創業記念として支給した商品券 ……………………… 144
▶ 事例 13　住宅の値引販売 ………………………………………… 147
▶ 事例 14　人間ドックの受診費用 ………………………………… 149

COLUMN　調査対策は日常業務にあり
　　その 6　現物給与を支給する際の「特定の者」とは ………… 153
▶ 事例 15　食事の支給が課税される場合 ………………………… 154
▶ 事例 16　民間アパート等の家賃負担 …………………………… 157

7 同一年に 2 か所から支給される退職手当に関する事例 ……… 160
▶ 事例 17　「退職所得の受給に関する申告書」に記載されていない
　　受け取り済みの退職手当 ……………………………………… 161

8 報酬以外の名目で支払われるものに関する事例 ……………… 164
▶ 事例 18　弁護士報酬とともに支払う交通費等 ………………… 165

9 非居住者等による不動産の譲渡・賃貸、船舶・航空機の賃貸所
　　得に関する事例 ………………………………………………… 169
▶ 事例 19　非居住者に支払うマンション（居住用、賃貸用）の譲
　　渡対価 …………………………………………………………… 171
▶ 事例 20　シンガポール本社が非居住者（シンガポール居住者）
　　に支払う日本駐在員事務所の外貨建て賃借料 ……………… 174
▶ 事例 21　航空機リースの対価（BEPS 防止措置実施条約を見据
　　えて） …………………………………………………………… 178

10 非居住者等による人的役務提供事業の対価に関する事例 ………… 184
▶ 事例 22　米国シンガーの来日公演の対価 ……………………… 186

Ⅴ

目次

▶ 事例 23　日印租税条約における技術役務提供の対価······················ 194

▶ 事例 24　パイロット派遣の対価··· 200

11 非居住者等が受領する使用料に関する事例······················ 206

▶ 事例 25　ゲームソフト開発委託の対価······································ 207

▶ 事例 26　外国美術館に支払う美術品（現作品）の展示の対価········ 213

▶ 事例 27　受益者ではない者に支払った使用料（日ポーランド租税
条約）·· 219

▶ 事例 28　租税条約に関する届出書を提出しなかった場合の課税関
係（米国 LLC に支払った特許権の使用料）························· 223

12 非居住者が受領する給与、役員報酬に関する事例············· 229

▶ 事例 29　非居住者の給与（短期滞在者免税）···························· 230

▶ 事例 30　海外子会社に勤務する親会社の取締役の役員報酬········· 237

▶ 事例 31　みなし役員に該当する米国居住者に支払う報酬············· 243

13 学生、事業修習者に関する事例··· 247

▶ 事例 32　外国人の学生アルバイトの給与································· 249

▶ 事例 33　中国人技能実習生の給与·· 254

COLUMN 調査対策は日常業務にあり

その7　匿名組合分配金など租税条約に規定が見当たらない所
得についての課税関係の検討方法································ 259

14 民法組合契約等の外国組合員に対する利益の配分に関する事例 ··· 262

▶ 事例 34　投資事業有限責任組合の外国組合員に配分する利益········ 264

監修者紹介／著者紹介

凡　例

1　主な法令等の略称

　本書では、本文中は原則として正式名称を用い、主に（　）内において根拠法令等を示す場合には略称を用いています。解説中に引用した主な略称は、以下のとおりです。

　また、読者の便宜を考慮し、判決・条文や文献の引用において、漢数字を算用数字に変え、促音の「つ」は「っ」と小書きしています。なお、条文等の引用において一部掲載を省略している場合、途中の省略は「……」と記載しています。

所　　法…所得税法

所　　令…所得税法施行令

所　　規…所得税法施行規則

所基通…所得税基本通達

法　　法…法人税法

法　　令…法人税法施行令

消基通…消費税法基本通達

通則法…国税通則法

通則令…国税通則法施行令

措　　法…租税特別措置法

措　　令…租税特別措置法施行令

措　　規…租税特別措置法施行規則

復興財確法…東日本大震災からの復興のための施策を実施するために必要
　　な財源の確保に関する特別措置法

実特法…租税条約等の実施に伴う所得税法、法人税法及び地方税法の特例
　　等に関する法律

VII

実特法省令…租税条約等の実施に伴う所得税法、法人税法及び地方税法の特例等に関する法律の施行に関する省令

BEPS防止措置実施条約…税源浸食及び利益移転を防止するための租税条約関連措置を実施するための多数国間条約

特許法第35条第6項の指針（ガイドライン）…特許法第35条第6項に基づく発明を奨励するための相当の金銭その他の経済上の利益について定める場合に考慮すべき使用者等と従業者等との間で行われる協議の状況等に関する指針（平成28年4月22日経済産業省告示第131号）

昭50直法6-1…国内において勤務する外国人に対し休暇帰国のため旅費として支給する金品に対する所得税の取扱いについて（昭和50年1月16日直法6-1）

昭60直法6-4…永年勤続記念旅行券の支給に伴う課税上の取扱い（昭和60年2月21日直法6-4）

昭60直法6-7…単身赴任者が職務上の旅行等を行つた場合に支給される旅費の取扱いについて（昭和60年11月8日直法6-7ほか）

平元直法6-1…消費税法等の施行に伴う源泉所得税の取扱いについて（平成元年1月30日直法6-1）

平12課法7-8…源泉所得税及び復興特別所得税の重加算税の取扱いについて（事務運営指針）（平成12年7月3日課法7-8ほか）

平12課法7-9…源泉所得税及び復興特別所得税の不納付加算税の取扱いについて（事務運営指針）（平成12年7月3日課法7-9ほか）

平24課総5-9…国税通則法第7章の2（国税の調査）関係通達の制定について（法令解釈通達）（平成24年9月12日課総5-9ほか）

2　内容現在

　本書は、2019年3月1日現在において施行・適用されている法令・通達等に基づいて執筆しています。

凡例

3 和暦・西暦対照表

昭和 56 年……1981 年	平成 24 年……2012 年	平成 29 年……2017 年
平成 17 年……2005 年	平成 25 年……2013 年	平成 30 年……2018 年
平成 21 年……2009 年	平成 26 年……2014 年	平成 31 年……2019 年
平成 22 年……2010 年	平成 27 年……2015 年	平成 32 年……2020 年
平成 23 年……2011 年	平成 28 年……2016 年	平成 49 年……2037 年

※本書において登場する和暦についてのみ、記載しています。

※2019 年 5 月 1 日から元号が改められ、平成 32 年は新元号 2 年、平成49 年は新元号 19 年となります。

I

源泉所得税の
基本的な仕組み

Ⅰ 源泉所得税の基本的な仕組み

第1 源泉徴収制度の特色

　所得税では、所得者自身が、暦年ごとに所得金額と税額を計算し、自ら
が申告と納付をする「申告納税制度」が採られています。これと併せて給
与などの特定の所得については、源泉徴収義務者がその所得を支払う際に
所得税を天引きして国に納付することになっており、この仕組みを源泉徴
収制度といいます。

　この制度を受けて、所得者が前もって源泉徴収された所得税の額は、基
本的には、給与の場合は源泉徴収義務者が行う年末調整という手続によっ
て、また、個人事業者等に支払う報酬・料金等に係るものは、これらの者
が行う確定申告によって精算される仕組みになっています。

　このように、源泉所得税は、源泉徴収義務者が自らの税を負担するわけ
ではなく、税を負担するのはあくまでも所得の支払を受ける相手方である
という点が、法人税などと決定的に異なる大きな特色といえます。

1　源泉徴収義務者

　給与などの特定の所得を支払う際に、源泉徴収をし、国に納付しなけれ
ばならない者を源泉徴収義務者といいます。

　源泉徴収の対象とされている所得の支払者は、会社はもちろんのこと、
協同組合や学校、官公庁であっても、また、個人事業者や人格のない社団・
財団であっても全て源泉徴収義務者となります（所法6条）。

　全国の源泉徴収義務者数は350万者を超え、そのうち約3分の2を本店
法人が占めています。

第1　源泉徴収制度の特色

給与所得の源泉徴収義務者数

平成 30 年 6 月 30 日現在

区　分	本店法人	支店法人	官公庁	個　人	その他	計
義務者数	2,353 千件	29 千件	11 千件	1,026 千件	117 千件	3,536 千件
構成比	66.6%	0.8%	0.3%	29.0%	3.3%	100.0%

〔出典〕国税庁「平成 29 事務年度　法人税等の申告（課税）事績の概要」

┃2　源泉徴収義務者の役割

　源泉徴収義務者は、源泉徴収の対象となる支払かどうかを判断し、該当する場合には源泉徴収税額を正しく計算し、これを期限までに納付しなければなりません。

　源泉徴収制度における当事者は、徴収権者である国（税務署）と税額を負担する所得者、そしてその双方の中間の位置を担う源泉徴収義務者の三者です。

　所得税は、確定申告という手続を通じて所得者と国との間に直接的な法律関係が生じます。これに対し、源泉所得税の場合は、国と源泉徴収義務者との法律関係にとどまり、国と所得者には直接の法律関係は生じません。

　したがって、例えば所得税の確定申告で所得金額や税額が誤っていた場合には、所得者自らが更正の請求などにより是正することができますが、源泉所得税額が多く徴収（過誤納など）されていたような場合は、所得者自身が直接是正の手続をすることはできず、源泉徴収義務者を通じて行わなければなりません。

　所得税の確定申告における源泉所得税の取扱いは、「源泉徴収をされた又はされるべき所得税の額」（所法 120 条 1 項 5 号）とされており、源泉徴収や年末調整が正しく計算・納付されていることが前提となっています。つまり、所得税の確定申告において、源泉徴収税額が誤っていた場合には、源泉徴収義務者の責任でこれを正しく計算し直し、それに基づいて

3

申告しなければならないことを意味しています。

　源泉徴収義務者が所得税を所得者から源泉徴収しているときは、仮に納付されていないとしても、国に納付されたものとみなされて、当該所得者が確定申告をする際には、これらの源泉所得税額を控除することができる（所法223条）こととされているのも、この三者の法律関係から導き出される取扱いです。

　なお、源泉所得税額は所得者が負担すべきものですので、源泉徴収義務者はこの税額について、所得者に対する求償権（徴収する権利）を有します（所法222条）。

　さらに、源泉徴収義務者は、源泉徴収税額を納付期限までに正しく納める義務がありますので、納付が遅れた場合などに発生する不納付加算税等は、源泉徴収義務者に課されます。

第2　納税地

　源泉徴収をした所得税は、源泉徴収義務者の納税地を所轄する税務署に納付することになります。この納税地は、給与等の支払事務をする事業所などのその支払日における所在地とされています（所法17条）。

　一般的には、本店所在地や主たる事務所等の所在地ですが、例えば、本店以外の支店や営業所等でも給与の支払事務を行っている場合には、それぞれの所在地が源泉所得税の納税地となります。

　したがって、源泉所得税に係る各種申請書や届出書の提出先はもちろんのこと、調査権限や納税告知などの処分権者は、その納税地を所轄する税務署長となります。

　会社の設立など給与支払事務所等を開設した場合や、本店等の移転など納税地等に異動があった場合には、1か月以内に所轄税務署に届け出る必要があります。この場合、納税地の変更に係る届出は、移転前の所轄税務署のみに提出すればよいことになっています。

　なお、本店等の移転などにより納税地に異動があった場合には、移転前に発生した未納付分も含め、その全ての源泉所得税に係る徴収権者は、移転後の所轄税務署長に移行します（所令55条1項）。

Ⅰ　源泉所得税の基本的な仕組み

第3　源泉徴収の対象となる支払

　源泉徴収の対象となる支払は、給与が一般的ですが、そのほかにも源泉徴収すべき支払は幅広いものとなっています（所法181条ほか）。

　支払う相手方（所得者）が個人か法人か、さらに個人であれば居住者か非居住者か、法人であれば内国法人か外国法人かによって、源泉徴収の対象となる支払の範囲は大きく異なります。源泉徴収の対象となる支払は、特殊なものを除き、次表のとおりです。

源泉徴収の対象となる主な支払

支払先	支払内容（源泉徴収の対象とされている所得）
居住者	・利子等 ・配当等 ・給与等 ・退職手当等 ・公的年金等 ・報酬・料金等
内国法人	・利子等 ・配当等
非居住者 及び 外国法人	国内源泉所得 ☞詳細は、Ⅱの「第2　源泉徴収課税の対象となる国内源泉所得」（27頁）参照

支払先区分		内　容
居住者		国内に住所を有する個人又は現在まで引き続いて1年以上居所を有する個人（所法2条1項3号）
内国法人		国内に本店又は主たる事務所を有する法人（所法2条1項6号）
非居住者等	非居住者	居住者以外の個人（所法2条1項5号）
	外国法人	内国法人以外の法人（所法2条1項7号）

6

第3　源泉徴収の対象となる支払

〔参考〕平成29事務年度の源泉所得税額の状況

所得種類	税　額	構成比
給与所得	108,460億円	59.8%
退職所得	2,310億円	1.3%
利子所得等	3,711億円	2.0%
配当所得	42,625億円	23.5%
特定口座内保管上場株式等の譲渡所得等	5,580億円	3.1%
報酬・料金等所得	12,255億円	6.7%
非居住者等所得	6,576億円	3.6%
合　　計	181,517億円	100.0%

（注）平成29年7月1日から平成30年6月30日までに納付があったもの（復興特別所得税を含みます。）を集計しています。

〔出典〕国税庁「平成29事務年度　法人税等の申告（課税）事績の概要」をもとに作成

Ⅰ　源泉所得税の基本的な仕組み

第4　源泉徴収をする時期

1　納税義務の成立

　法人税は、事業年度が終了した時に納税義務が成立し、申告書を提出することによって税額が確定します。これに対し、源泉所得税は、源泉徴収をすべき特定の所得を支払った時に納税義務が成立し、その税額は特別の手続をすることなく法令の定めるところに従って自動的に確定します（通則法 15 条 2 項 2 号、3 項 2 号）。この「支払」は、源泉所得税においては、所得税や法人税の申告に相当するきわめて重要な行為であり、この時に源泉徴収の事務手続を行うことになります。

　実務的には、源泉徴収の対象となる所得を支払う前に源泉徴収税額を計算し、支払時にその税額を差し引いて所得者に支払い、期限内にその税額を納付します。

【支払時の経理処理（仕訳例）】

| 給料等 | 300,000 円 | / | 現金預金 | 291,580 円 |
| | | | 源泉所得税預り金 | 8,420 円 |

2　「支払」の意義

　源泉徴収における「支払」とは、給料を社員等の銀行口座に振り込むなど現実に金銭を交付する行為などをいいますので、たとえ支払うことが確定していても、現実にその支払がない場合には源泉徴収をする必要はありません。つまり、「支払なければ源泉徴収なし」が大原則です。

　なお、この「支払」には、上記のほか、元本に繰り入れるなど支払の債務が消滅する（供託など）一切の行為が含まれます（所基通 181 ～ 223 共 - 1）。

　したがって、金銭に限らず、現物での支給や権利、用益など経済的利益

8

第4　源泉徴収をする時期

の支給、債務免除などもこの「支払」に当たります。さらに、宗教法人における収入に計上すべきものを住職等が生活費などに費消したような場合は、その住職等に対して、給与の「支払」があったものとされます。

このように、一口に「支払」といっても、非常に奥深いものがありますので、間違いのない源泉徴収を行うためには、この「支払」の意義を正しく理解する必要があります。

なお、「支払」に当たって、支払う各種所得の「収入すべき日」が過年度である場合には、支払った年分ではなく、当該過年分の所得として源泉徴収税額の計算を行うことになりますので、留意してください。

〔**仮装通貨による給与等の支払**〕

　仮装通貨の流通により、受給者からの要望を受け、給与等の全部又は一部を会社等が保有する仮装通貨で支払う場合には、この支給は、受給者にとっては給与所得となりますので、支給の際に源泉徴収をする必要があります。

　この場合、支給時の取引価格で評価した上、他に金銭支給があればこれらを含めて源泉徴収税額を計算することになります。

　なお、給与等を仮装通貨で支払う場合には、労働協約にその旨を規定しておくことが必要です。

3　「支払」とみなす場合

「支払なければ源泉徴収なし」の例外として、役員賞与や株主への配当などのように、支払が確定した日から1年を経過した日までに現実の支払がない場合であっても、1年を経過した時点で支払があったものとみなして源泉徴収すべき場合もあります（所法181条2項、183条2項）。

例えば、平成30年5月25日に支払が確定した役員賞与について、その後支払がないとしても、1年を経過した平成31（2019）年5月26日に支

9

Ⅰ　源泉所得税の基本的な仕組み

払があったものとみなして、源泉徴収をしなければなりません（所基通
181-5）。

　この場合、上述したように、平成30年分の所得として源泉徴収税額を
計算することになります。

第5　納付期限

第5　納付期限

　源泉徴収をした所得税は、原則として、その所得を支払った日の翌月10日までに国（税務署）に納付しなければなりません（所法181条ほか）。ただし、10日が日曜日、祝日などの休日や土曜日に当たる場合には、その休日明けの日が納付期限となります（通則法10条2項）。

　なお、給与の支給人員が常時10人未満（平常時の支給人員）である源泉徴収義務者にあっては、所轄税務署長の承認を受けることにより、給与や退職手当、税理士等の報酬・料金に係る源泉徴収税額を年2回にまとめて納付できる「納期の特例制度」があります（所法216条）。

〔非居住者等所得の特例〕

　国内源泉所得の支払が国外で行われる場合には、原則として源泉徴収の必要はありませんが、次のいずれかに該当する場合には、国外で支払われていたとしても、国内で支払ったものとみなして、源泉徴収をする必要があります。このような場合の源泉所得税の納付期限は、事務手続等を考慮して、支払のあった日の翌月10日ではなく、翌月末日とされています（所法212条2項）。

　①　その支払者が国内に住所若しくは居所を有するとき

　②　その支払者が国内に事務所、事業所その他これらに準ずるものを有するとき

　例えば、A国本社に勤務するA国人のBが、10か月間の予定（非居住者）で日本支店に出張（短期滞在者免税不適用）したとします。この間の給与（国内源泉所得）について、本社がA国に居住している留守家族に支払う（国外払い）こととしている場合であっても、この給与は国内で支払ったものとみなされ、日本支店が源泉徴収をしなければならず、この場合の納付期限は、支払った日の翌月末日になると

11

いうことです。

　なお、国内において支払われたものとみなされる国内源泉所得について源泉所得税を納付する場合には、納付書を別に作成し、その摘要欄に「所得税法第212条第2項該当分」と記載する必要があります。

第6 納付手続

第6 納付手続

1 納付方法

　源泉徴収をした税額は、納付期限までに支払額や税額などを記載した「所得税徴収高計算書」（以下「納付書」といいます。）を添えて、金融機関若しくは所轄税務署の窓口で納付します（所法220条）。

　なお、決済手段の多様化に対応して、電子申告（e-Tax）を利用したダイレクト納付やインターネットバンキングからの納付、クレジットカードによる納付、コンビニでの納付もできるようになりました。これらの詳しい情報は、国税庁のホームページ等で確認できます。

【納付時の経理処理（仕訳例）】

　源泉所得税預り金　8,420円　　／　　現金預金　8,420円

2 納付書の種類

　納付書は、以下のとおり、所得種類に応じて9種類あり（所規80条）、このうち給与等「給」については、毎月使用する一般用と年2回納付の納期特例用があります。

　なお、弁護士や税理士などの報酬・料金は、給与等ではありませんが、支払機会が多いということもあり、報酬・料金等の納付書ではなく、給与等の納付書を使用することになりますので、間違いのないよう注意する必要があります。

13

Ⅰ　源泉所得税の基本的な仕組み

納付書の種類

納付書の種類	略　号	支払う所得の種類
給与所得、退職所得等の納付書（一般用及び納期特例用）	給	給与所得、退職所得及び弁護士、税理士等の報酬・料金
報酬・料金等の納付書	報	弁護士、税理士等の報酬・料金以外の報酬・料金等、生命・損害保険契約等に基づく年金及び公的年金等
配当等の納付書	配	配当所得（投資信託（法人課税信託を除きます。）、特定受益証券発行信託の収益の分配及び源泉徴収選択口座に受け入れた上場株式等に係る配当所得を除きます。）
非居住者・外国法人の所得についての納付書	非	非居住者及び外国法人に支払う各種の所得（償割株の納付書を使用する所得を除きます。）

【上記以外】（種類の名称のみ掲載）
・利子等の納付書 利
・償還差益の納付書 償
・割引債の償還金に係る差益金額の納付書 割
・定期積金の給付補てん金等の納付書 定
・上場株式等の源泉徴収選択口座内調整所得金額及び源泉徴収選択口座内配当等・未成年者口座等において契約不履行等事由が生じた場合の納付書 株

▌3　納付の際の留意事項

（1）プレプリント納付書の使用

　税務署から送付される給与等の納付書には、「税務署名」「税務署番号」「整理番号」「徴収義務者（住所・名称）」が印字されています。この納付書を使用することにより、整理番号等の記載誤りが防止できます。税務署の窓口で交付を受けることもできます。

（2）ゼロ納付書の提出

　年末調整において、源泉徴収税額との過不足税額を精算した結果、還付

14

すべき税額が多額に発生するなどにより、納付すべき源泉徴収税額が発生しない場合があります。このように、給与等の支払はあるものの納付すべき税額が生じない場合であっても、給与等の納付書を所轄税務署に直接提出する必要があります。この場合、納付税額はありませんので、金融機関では受け付けてもらえません。

（3）復興特別所得税の源泉徴収

　平成25年1月1日から平成49（2037）年12月31日までの間に生じる所得について、その所得税額の2.1％相当額が東日本大震災に係る復興特別所得税として課せられています。

　源泉徴収の際には、この復興特別所得税も併せて徴収し、その合計税額を納付期限までに所轄税務署（国）に納付することになります（復興財確法28条1項、2項、31条1項、2項）。

　実務上は、給与等については財務省告示の税額表に復興特別所得税が既に加算されており、これにより合計税額を求めますので、特段の計算等を行う必要はありません。税率を使用する場合には、その税率に102.1％を乗じた率を適用します。

　源泉徴収をした復興特別所得税額は、所得税と区分することなく1枚の納付書にこれらの税額を合計して記載し、所得税の納付期限までに納付します。

　本書における源泉徴収税額及び源泉徴収税率は、所得税と復興特別所得税を併せた合計税額、税率で表記していますので留意してください。

〔非居住者等所得と復興特別所得税〕

　源泉徴収の対象となる非居住者等所得についても、原則として復興特別所得税を併せて源泉徴収する必要があります。

　ただし、租税条約に限度税率が定められており、この限度税率が国内法である所得税法及び租税特別措置法に規定する税率以下となっている場合には、復興特別所得税を徴収する必要はありません（復興財

確法33条9項）。租税条約が国内法に優先して適用されますので、制限税率を超えて徴収されることはないということです。

　なお、限度税率を適用して徴収した所得税と、国内法を適用して徴収した所得税及び復興特別所得税を同時に納付する場合には、1枚の納付書に合計するのではなく、それぞれ別葉の納付書を使用することになります。

第7　不納付加算税等

第7　不納付加算税等

　源泉所得税が法定の納付期限までに納付されませんと、別途、不納付加算税等が課されますが、源泉徴収義務者の諸事情を考慮して、軽減、免除の措置が講じられています。

┃ 1　不納付加算税

（1）原則的取扱い

　源泉徴収の納付期限までに源泉徴収税額が完納されない場合には、期限後納付ということになり、その納付すべき税額に対して、10％の不納付加算税が課されます（通則法67条1項）。

　ただし、源泉所得税を法定納期限までに納付しなかったことにつき、源泉徴収義務者の責めに帰さない次のような「正当な理由」がある場合は、不納付加算税は免除されます（平12課法7-9）。

〔「正当な理由」があると認められる場合〕
① 　税法の解釈に関し、給与等の支払後取扱いが公表されたため、その公表された取扱いと源泉徴収義務者の解釈とが異なることとなった場合において、その源泉徴収義務者の解釈について相当の理由があると認められるとき。

　　ただし、税法の不知若しくは誤解又は事実誤認に基づくものはこれには当たりません。
② 　給与所得者の扶養控除等申告書等に基づいてした控除が過大であった等、これらの申告書に基づき控除したことにつき源泉徴収義務者の責めに帰すべき事由があると認められないとき。
③ 　最寄りの収納機関が遠隔地であるため、源泉徴収義務者が収納機関以外の金融機関に税金の納付を委託した場合、その委託が通常で

17

あれば法定納期限内に納付されるに足る時日の余裕をもってされて
いるにもかかわらず、委託を受けた金融機関の事務処理誤り等によ
り、収納機関への納付が法定納期限後となったことが、当該金融機
関の証明書等により証明されたとき。
④　災害、交通・通信の途絶その他法定納期限内に納付しなかった
ことについて真にやむを得ない事由があると認められるとき。

（2）宥恕的取扱い

　未納となっている税額について、その納付が調査等による告知があるべ
きことを予知してされたものでなく、自らが気づいて期限後に自主的に納
付した場合、不納付加算税は5％に軽減されます（通則法67条2項）。な
お、この場合、①納付期限から1か月以内に納付し、かつ、②その納付期
限前1年間に所轄税務署長からの納税告知処分や期限後納付の事実がない
場合は、納付期限までに納付する意思があったものとして、不納付加算税
は課されません（通則法67条3項、通則令27条の2第2項）。

　なお、源泉徴収義務者に対する臨場調査、その取引先に対する反面調査
等、当該源泉徴収義務者が調査のあったことを了知したと認められる後に
自主納付された場合の当該自主納付は、「告知があるべきことを予知して
されたもの」として、この宥恕規定は適用されません（平12課法7-9）。

　ただし、次に掲げる場合は、「告知があるべきことを予知してされたもの」
には該当しないこととされ、不納付加算税については上記の自主納付の取
扱いが適用されます。

・臨場のための日時の連絡を行った段階で自主納付された場合
・納付確認（臨場によるものを除きます。）を行った結果、自主納付され
　た場合
・説明会等により一般的な説明を行った結果、自主納付された場合

（3）不納付加算税の計算

　不納付加算税の計算の基礎となる税額は、所得の種類（給与、退職、報

酬・料金等、配当、非居住者等の各所得区分によります。）ごとに、かつ、法定納期限の異なるごとに計算します。その額が5千円未満であるときは、全額が切り捨てられます。

2 延滞税

不納付加算税のほかに、納付する日までの日数に応じた利息に相当する延滞税も併せて課されます（通則法60条）。延滞税の税率は、平成30年1月1日から同31（2019）年12月31日までの期間に係るものは、次のとおりです。

（1）納税の告知がない場合（自主納付の場合）

（2）納税の告知がある場合

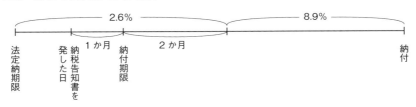

（注）納税告知が行われた場合の納付期限は、税務署長が納税告知書を発した日の翌日から起算して1か月を経過する日となります。

Ⅰ 源泉所得税の基本的な仕組み

第8 過誤納額の還付と充当

1 過誤納額の還付請求

源泉徴収義務者が、次の理由で源泉所得税を納め過ぎていた場合には、「源泉所得税及び復興特別所得税の誤納額還付請求書」に誤りが生じた事実を記載した帳簿書類（総勘定元帳の「預り金」勘定、当該誤納に係る納付書など）の写しを添付して所轄税務署長に提出することにより、過誤納金の還付を受けることができます（通則法56条）。

（1）源泉所得税額の計算誤りなどによるもの

（2）誤払いなどにより支払額の返還を受けたことによるもの

（3）支払額が条件付のものであったため返還を受けたことによるもの

なお、この還付請求権は、誤納額の還付請求をできる日から5年間行使しないことによって、時効により消滅します（通則法74条1項）。

2 過誤納額の充当

毎月発生する給与等に係る過誤納額に限り、還付請求に代えて「源泉所得税及び復興特別所得税の誤納額充当届出書」に、上記還付請求の場合と同様に、誤りが生じた事実を記載した帳簿書類の写しを添付して提出することにより、届出書を提出した日以後に納付すべきこととなる給与等に対する源泉所得税からその過誤納金に相当する金額を控除（充当）することができます（所基通181～223共-6）。

COLUMN 調査対策は日常業務にあり

その1 過誤納と未然防止策

　源泉徴収漏れや納付漏れは税務当局から指摘を受けますが、多く納めてしまった場合には、「納め過ぎですよ」という言葉は期待できません。

　過誤納を防ぐには、前月や前年度との支給金額や算出税額の対比、担当者のダブルチェックなど事務のチェック体制を整備するなどの自己防衛策を講ずるほかはありません。

Ⅱ 非居住者等に対する源泉課税の仕組み

Ⅱ　非居住者等に対する源泉課税の仕組み

第1　非居住者等

　上記Ⅰ第3（6頁）のとおり、非居住者又は外国法人（以下「非居住者等」といいます。）に一定の所得（国内源泉所得）を支払う場合にも、その支払者は所得税を源泉徴収する必要があります（所法212条）。

1　国内法における非居住者等

（1）非居住者とは

　非居住者とは、居住者（国内に住所を有し、又は現在まで引き続いて1年以上居所を有する個人：所法2条1項3号）以外の個人をいいます（所法2条1項5号）。

　「住所」とは「各人の生活の本拠」をいい、「生活の本拠」かどうかは「客観的事実によって判定する」ことになります（所基通2-1）。したがって、「住所」の判定は、その人の生活の中心がどこかで行うことになります。

　「居所」については、「その人の生活の本拠ではないが、その人が現実に居住している場所」とされています。

　「国内に住所を有する者」であるか否か、逆に「国内に住所を有しない者」であるか否か、については次のような推定規定があります。

① 　国内に住所を有する者と推定する場合（所令14条）

　イ　その者が国内において、継続して1年以上居住することを通常必要とする職業を有すること。

　ロ　その者が日本の国籍を有し、かつ、その者が国内において生計を一にする配偶者その他の親族を有することその他国内におけるその者の職業及び資産の有無等の状況に照らし、その者が国内において継続して1年以上居住するものと推測するに足りる事実があること。

　ハ　イ・ロにより国内に住所を有する者と推定される個人と生計を一にする配偶者その他その者の扶養する親族が国内に居住する場合には、

24

これらの者も国内に住所を有する者と推定する。

② 国内に住所を有しない者と推定する場合（所令 15 条）

イ　その者が国外において、継続して 1 年以上居住することを通常必要とする職業を有すること。

ロ　その者が外国の国籍を有し又は外国の法令によりその外国に永住する許可を受けており、かつ、その者が国内において生計を一にする配偶者その他の親族を有しないことその他国内におけるその者の職業及び資産の有無等の状況に照らし、その者が再び国内に帰り、主として国内に居住するものと推測するに足りる事実がないこと。

ハ　イ・ロにより国内に住所を有しない者と推定される個人と生計を一にする配偶者その他その者の扶養する親族が国外に居住する場合には、これらの者も国内に住所を有しない者と推定する。

（2）外国法人とは

外国法人とは、内国法人（国内に本店又は主たる事務所を有する法人：所法 2 条 1 項 6 号）以外の法人をいいます（所法 2 条 1 項 7 号）。

2　租税条約における居住者、受益者

（1）居住者

租税条約における「居住者」は、個人と法人を含む概念です。租税条約には必ず「居住者」の定義規定があり、その内容は、両国の事情に応じて詳細に規定している部分があり、租税条約によって区々ですが、基本的な部分は OECD モデル租税条約第 4 条の規定に沿って、「住所、居所、事業の管理の場所その他これらに類する基準」で判定することになります。

その上で、双方の締約国の居住者に該当する個人については、①恒久的住居、②利害関係の中心的場所、③常用の住居、④国籍の順で判定し、それでも判定できない双方居住者については、権限ある当局による合意により決定することになります。また、双方居住者に該当する法人等については、事業の実質的な管理の場所、設立された場所その他の全ての要因を考

慮して、権限ある当局による合意により決定することになります。

　なお、租税条約には「租税条約は相手国の居住者に適用されるもので、自国の居住者には適用されない」という一般原則（セービング・クローズ）があります。

（2）受益者

　租税条約の条項には、例えば「一方の締約国において生じ、他方の締約国の居住者が受益者である使用料に対しては、当該他方の締約国においてのみ租税を課すことができる」（OECD モデル租税条約第12条（使用料）1）のように、単なる「居住者」ではなく「居住者である受益者」に条約を適用する旨規定しているものがあります。

　この「受益者（beneficial owner）」概念は、租税条約の濫用（treaty shopping）に対抗するため、単なる名義人である居住者には条約の特典は享受させないための規定になります。

　例えば、著作権の使用料についてみれば、原著作権者や原著作権者から著作権の譲渡又は使用許諾を受けている者に対して支払う場合は受益者（権利者）に対する支払となりますが、支払う対象が、受益者の代理人や、受益者と支払者との間の仲介者、単に受益者の所有する著作権の管理法人である等の場合には、租税条約上の受益者とはなり得ません（【事例27】（219頁）参照）。

26

第2 源泉徴収課税の対象となる国内源泉所得

第2 源泉徴収課税の対象となる国内源泉所得

　源泉徴収課税の対象となる国内源泉所得については、所得税法第161条に規定されていますが、その支払を受ける非居住者等が居住（所在）する国との間で租税条約が締結されていて、その条約において国内源泉所得について異なる定めがある場合には、その異なる定めによることになります。

1　源泉徴収課税の対象となる国内源泉所得（国内法）

（1）国内源泉所得の区分

　源泉徴収課税の対象となる国内源泉所得は、次のとおりです。

① 組合契約事業利益の配分（所法161条1項4号）

② 土地等の譲渡対価（所法161条1項5号）

③ 人的役務の提供事業の対価（所法161条1項6号）

④ 不動産（船舶・航空機を含む）賃貸料等（所法161条1項7号）

⑤ 債券等の利子等（所法161条1項8号）

⑥ 配当等（所法161条1項9号）

⑦ 貸付金の利子（所法161条1項10号）

⑧ 使用料等（所法161条1項11号）

⑨ 給与等の人的役務の提供に対する報酬等（所法161条1項12号）

⑩ 事業の広告宣伝のための賞金（所法161条1項13号）

⑪ 生命保険契約に基づく年金等（所法161条1項14号）

⑫ 定期積金の給付補塡金等（所法161条1項15号）

⑬ 匿名組合契約等に基づく利益の分配（所法161条1項16号）

（2）国内に恒久的施設（PE）を有していない場合の課税方法

　これらの国内源泉所得に対する課税方法については、非居住者等が国内に恒久的施設（PE）を有していない場合には、次のとおり、所得の区分に応じて源泉分離課税により課税関係が完結する場合と、源泉徴収課税を

27

Ⅱ　非居住者等に対する源泉課税の仕組み

受けた本人が確定申告することにより課税関係が完結する場合とがあります。

① 源泉分離課税（所法212条1項）

・配当等

・利子等

・使用料等

・給与等の人的役務の提供に対する報酬等

・匿名組合契約等に基づく利益の分配等

② 源泉徴収の上本人が確定申告（PEなし）（法法141条2号、所法164条1項2号）

・土地等の譲渡対価

・不動産賃貸料等

・人的役務の提供事業の対価

③ 源泉徴収の上本人が確定申告（PEあり）（法法141条1号イ、所法164条1項1号イ）

・組合契約事業利益の配分（下記5参照）

（3）国内に恒久的施設（PE）を有している場合における源泉徴収免除

　非居住者等が国内に恒久的施設（PE）を有している場合、源泉徴収すべき国内源泉所得でPEに帰属するものについては、源泉徴収の上本人が確定申告することになりますが、法人税（所得税）の申告をしているPEが一定の要件を満たして所轄税務署長から源泉徴収の免除証明書の交付を受け、これを源泉徴収義務者に提示した場合には、国内PEに帰属する一定の国内源泉所得について源泉徴収義務が免除されます（所法180条1項、214条1項）。

▎2　租税条約の規定

（1）所得区分に係る国内法と租税条約との対応関係

　租税条約は、基本的に2国間で締結されており、内容が全く同じ租税条

定価 3,025 円（本体 2,750 円＋税 10%）

約はありませんが、日本は OECD モデル租税条約に準拠して租税条約を締結することをポリシーとしており、日本が締結している租税条約はおおむね OECD モデル租税条約に沿ったものになっています。次の表は、所得の区分に係る所得税法の規定と OECD モデル租税条約の条項を対比したものです。

所得税法第 161 条	OECD モデル租税条約
土地等の譲渡対価（第 5 号）	第 13 条 譲渡収益
人的役務の提供事業の対価（第 6 号）	第 17 条 芸能人及び運動家 ※日印条約第 12 条「技術役務提供の対価」
不動産（船舶・航空機を含む）賃貸料等（第 7 号）	第 6 条 不動産（船舶・航空機を含まない）所得 ※裸用船契約に基づく船舶・航空機の賃貸料は第 7 条を適用 ※日愛条約第 13 条（使用料）等：船舶・航空機は「産業上、商業上……の設備」に該当
債券等の利子等（第 8 号）	第 11 条 利子
配当等（第 9 号）	第 10 条 配当
貸付金の利子（第 10 号）	第 11 条 利子
使用料等（第 11 号）	第 12 条 使用料
給与等の人的役務の提供に対する報酬等（第 12 号）	第 15 条 給与所得（短期滞在者免税）、 第 16 条 役員報酬、 第 19 条 政府職員、 第 20 条 学生（事業修習者）
事業の広告宣伝のための賞金（第 13 号）	第 21 条 その他の所得（居住地国課税）
生命保険契約に基づく年金等（第 14 号）	第 21 条 その他の所得（居住地国課税）
定期積金の給付補填金等（第 15 号）	第 21 条 その他の所得（居住地国課税）

Ⅱ　非居住者等に対する源泉課税の仕組み

匿名組合契約等に基づく利益の分配（第 16 号）	第 21 条 その他の所得（居住地国課税） ※日米条約議定書 13、日蘭条約議定書 9、日英条約第 20 条、日仏租税条約第 20 条の A、新日独協定議定書 4（a）（ⅲ）等（国内法で課税）、日星条約第 21 条（その他所得（源泉地国課税））
その他の国内源泉所得（第 17 号）	第 21 条 その他の所得（居住地国課税）

（2）課税権の配分

　租税条約は、居住地国課税を原則としつつ、源泉地国（役務提供地国）に課税権を配分する国内源泉所得の範囲を規定することを主たる目的の 1 つとしており、おおむね次のように区分できます。

　なお、租税条約は課税権の配分のみを規定しており、課税方法は国内法に委ねられています。

① 　源泉地国（役務提供地国）にも課税権を配分

　イ　不動産等（船舶・航空機は含まない）所得

　ロ　配当（免除・軽減税率あり）

　ハ　利子（軽減税率あり）

　ニ　使用料（免除・軽減税率あり）

　ホ　不動産等（船舶・航空機は含まない）の譲渡対価

　ヘ　人的役務の提供の対価（給与所得者のうち短期滞在者以外の者）

　ト　人的役務の提供事業の対価（芸能人、職業運動家）

② 　源泉地国（役務提供地国）免税

　イ　人的役務の提供の対価（給与所得者のうち短期滞在者）

　ロ　人的役務の提供事業の対価（芸能人、職業運動家以外の者）

　ハ　政府職員

　ニ　学生（事業修習者）（国外払いのもの）

③ 　役務提供地の例外

　・　役員報酬（役務提供地にかかわらず法人の居住地国で課税）

④ 　その他の所得

　OECD モデル租税条約第 21 条（その他の所得） 1 は、「一方の締約

国の居住者の所得（源泉地を問わない。）であって前各条に規定がない
ものに対しては、当該一方の締約国においてのみ租税を課することがで
きる」として居住地国課税を規定しており、この場合は源泉地国である
日本では課税されません。

　一方、日星租税条約のようにその他の所得について源泉地国課税を規
定している条約もあり、この場合は国内法に課税規定があれば課税され
ることになります。

▎3　国内法と租税条約との関係

（1）租税条約が国内法に優先する範囲

　日本においては、条約が国内法に優先しますが（憲法98条2項）、租税
条約については、「租税条約によって国内法による税負担以上の課税はで
きない」という租税条約及びその解釈の一般原則（プリザベーション・ク
ローズ）があり、租税条約は国内法を制限する方向（課税の軽減・免除の
場合）にのみ作用します。

（2）租税条約の国内適用

　租税条約については、これを直接国内適用する（self-executing）ので
はなく、基本的には国内法である「租税条約等の実施に伴う所得税法、法
人税法及び地方税法の特例等に関する法律」（以下「租税条約実施特例法」
又は「実特法」といいます。）にその適用について規定されており、租税
条約の特典の適用を受けるためには、一定の手続を行うことになります。

　ただし、国内源泉所得に関しては、いわゆる所得源泉地置換え規定（所
法162条、法法139条）により国内法に取り込まれることになります。し
たがって、プリザベーション・クローズの適用は受けないことになります。

（3）所得源泉地置換え規定

①　規定の内容

　　所得税法第162条（租税条約に異なる定めがある場合の国内源泉所得）
第1項は次のように規定しており、前段が租税条約の規定（所得の定義、

所得源泉地）を国内法に取り込む規定で、後段が国内法に取り込んだ租税条約上の国内源泉所得を国内法の対応する国内源泉所得（何号所得）に置き換える（課税方法を決定する）規定です。

所得税法第 162 条第 1 項（前段）

　租税条約（……）において国内源泉所得につき前条の規定と異なる定めがある場合には、その租税条約の適用を受ける者については、同条の規定にかかわらず、国内源泉所得は、その異なる定めがある限りにおいて、その租税条約に定めるところによる。

所得税法第 162 条第 1 項（後段）

　この場合において、その租税条約が同条第 1 項第 6 号から第 16 号までの規定に代わって国内源泉所得を定めているときは、この法律中これらの号に規定する事項に関する部分の適用については、その租税条約により国内源泉所得とされたものをもってこれに対応するこれらの号に掲げる国内源泉所得とみなす。

---

②　租税条約に国内源泉所得につき異なる定めがある場合（例）

　イ　所得の定義

OECD モデル租税条約第 12 条（使用料）2

　この条において、「使用料」とは、文学上、美術上若しくは学術上の著作物（映画フィルムを含む。）の著作権、特許権、商標権、意匠、模型、図面、秘密方式若しくは秘密工程の使用若しくは使用の権利の対価として、又は産業上、商業上若しくは学術上の経験に関する情報の対価として受領されるすべての種類の支払金をいう。

ロ　所得の源泉地

OECD モデル租税条約第 11 条（利子）5

　利子は、その支払者が一方の締約国の居住者である場合には、当該一方の締約国において生じたものとされる。ただし、利子の支払者（……）が一方の締約国内に恒久的施設を有する場合において、当該利子の支払の基因となった債務が当該恒久的施設について生じ、かつ、当該利子が当該恒久的施設によって負担されるものであるときは、当該利子は、当該恒久的施設の存在する当該一方の締約国内において生じたものとされる。

ハ　所得の定義規定がない場合

OECD モデル租税条約第 3 条（一般的定義）2

　一方の締約国によるこの条約の適用に際しては、この条約において定義されていない用語は、文脈により別に解釈すべき場合又は両締約国の権限のある当局が第 25 条の規定に基づいて異なる意義について別に合意する場合を除くほか、この条約の適用を受ける租税に関する当該一方の締約国の法令において当該用語がその適用の時点で有する意義を有するものとする。（後略）

OECD モデル租税条約第 6 条（不動産所得）2

　「不動産」とは、当該財産が存在する締約国の法令における不動産の意義を有するものとする。（後略）

4　租税条約の適用手続

　非居住者等が支払を受ける源泉徴収の対象となる国内源泉所得について租税条約の特典を適用する場合、その軽減・免除の手続については、租税

条約実施特例法第12条により省令（以下「実特法省令」といいます。）に
委任され、次のとおり、規定されています（【事例28】（223頁）参照）。

（1）租税条約に特典条項がない場合の手続

国内源泉所得の支払を受ける非居住者等は、その国内源泉所得の種類に
応じて「租税条約に関する届出書」に必要事項を記載し、支払の日の前日
までに源泉徴収義務者を経由して所轄税務署に提出する必要があります
（実特法省令2条）。

（2）租税条約に特典条項がある場合の手続

租税条約の特典を受ける者（以下「特典受益者」といいます。）は、「租
税条約に関する届出書」に加え、条約相手国ごとに様式が用意されている
「特典条項に関する付表」に必要事項を記載し、居住者証明書等の書類を
添付して、支払の日の前日までに源泉徴収義務者を経由して所轄税務署に
提出する必要があります（実特法省令2条1項、2条の2第1項）。

（3）外国法人が構成員課税されている場合の手続

構成員課税されている外国法人が支払を受ける場合は、特典受益者は居
住者である構成員となりますが、「外国法人の株主等の名簿　兼　相手国
団体の構成員の名簿」に必要事項を記載した上で、外国法人が構成員課税
され、構成員が誰かを明らかにする書類を添付し、さらに特典受益者であ
る構成員ごとに必要事項を記載した「特典条項に関する付表」に居住者証
明書等の書類を添付して、支払の日の前日までに源泉徴収義務者を経由し
て所轄税務署に提出する必要があります（実特法省令2条1項、2条の2
第1項、9条の6第1項）。

（4）国内法に基づき源泉所得税を納付した後に租税条約の適用を受けて
　　還付を受ける場合の手続

源泉徴収義務者は、この手続が支払の日の前日までに完了していれば租
税条約の特典を適用し、免税であるとして所得税を源泉徴収しないか又は
軽減税率により所得税を源泉徴収することになります。手続が完了してい
ない場合は、税務調査において、国内法を適用して源泉所得税の納税告知

処分を受ける場合があります。

　ただし、このような場合であっても、支払を受けた非居住者等が、後日「租税条約に関する源泉徴収税額の還付請求書」（以下「条約還付請求書」といいます。）に必要事項を記載し、上記（1）から（3）の手続に必要な届出書等と併せて源泉徴収義務者を経由してその所轄税務署に提出すれば、追徴課税された本税の還付を受けることができます（実特法省令2条の2第7項、8項）。

（5）上記（1）から（4）の手続を源泉徴収義務者が行うための手続

　上記（1）から（4）の手続は、原則として、支払をする源泉徴収義務者ではなく支払を受ける非居住者等が行うことになります。ただし、非居住者等が税務署に源泉徴収義務者を納税管理人として届け出れば、源泉徴収義務者がこれらの書類の作成及び手続を行うことができます。

　納税管理人の届出の様式については、免税芸能法人等に該当する外国法人等が納税管理人を選任したときに行う手続の様式として「源泉徴収に係る所得税及び復興特別所得税の納税管理人の届出書」のみが国税庁ホームページに掲載されていますが（ホーム＞税の情報・手続・用紙＞申告手続・用紙＞申告・申請・届出等、用紙（手続の案内・様式）＞税務手続の案内（税目別一覧）＞所得税関係・源泉所得税関係＞28 源泉徴収に係る所得税及び復興特別所得税の納税管理人の届出）、上記（1）から（4）の手続に係る様式と同様、英語と日本語との二段書きの様式となっており、他の手続にも使用できると考えられます。

▌5　民法組合等の外国組合員に対する源泉徴収制度

（1）民法組合等の外国組合員は PE を有するため申告義務がある

　民法組合契約等に基づいて行う事業（以下「組合契約事業」といいます。）は、組合員の共同事業となりますので、国内でこれを行う場合は、組合契約事業に係る事務所等は、組合員である非居住者又は外国法人（以下「外国組合員」といいます。）においては恒久的施設（以下「組合 PE」とい

35

いいます。）に該当することになります（所基通164-4）。

　そして、組合契約事業から生じた利益等は、国内にある組合PEを通じて行う事業から生じた所得となりますので、国内源泉所得に該当します（法法138条1項1号、所法161条1項4号）。したがって、外国組合員は、この所得について申告義務があることになります。

（2）外国組合員に配分される利益に対する源泉徴収制度（平成17年度税制改正）

　組合PE以外に国内にPEを有しない外国組合員に対して適正な課税をするため、平成17年度税制改正により、民法組合契約等の外国組合員について、その組合PEを通じて行う組合契約事業から生じた利益の配分の際に源泉徴収を行うこととされました。対象となる組合契約の範囲は次のとおりです（所法161条1項4号、所令281条の2第1項）。

①　民法第667条第1項に規定する組合契約

②　投資事業有限責任組合契約

③　有限責任事業組合契約

④　外国における①～③に類する契約

（3）源泉徴収の対象となる国内源泉所得、源泉徴収義務者等

① 　源泉徴収の対象となる国内源泉所得（所法161条1項4号）

　国内において民法組合契約等に基づいて行う事業から生じる収入から費用を控除したものについて、その民法組合契約等を締結している外国組合員が、その民法組合契約等に基づいて配分を受けるものが該当します。

② 　源泉徴収義務者（所法212条5項）

　外国組合員がその民法組合契約等に定める計算期間において生じた国内源泉所得につき金銭その他の資産（以下「金銭等」といいます。）の交付を受ける場合に、その「配分をする者」が源泉徴収義務者となり、全ての組合員が「配分をする者」に該当します（所基通212-6）。

③　源泉徴収すべき日（所法 212 条 1 項、5 項）

　　金銭等の交付をした日（計算期間の末日の翌日から 2 か月を経過する日までに金銭等の交付がされない場合には、同日）において所得税を徴収し、その徴収の日の属する月の翌月 10 日までに、これを納付することになります。

（4）外国組合員に対する課税の特例制度（平成 21 年度税制改正（平成 30 年度税制改正により改組））

　有限責任組合員の中には組合契約事業に投資を行う投資家に近く、共同事業性が希薄である者もいることから、平成 21 年度税制改正（平成 30 年度税制改正により改組）により、投資事業有限責任組合契約（外国におけるこれに類するものを含みます。以下「投資組合契約」といいます。）を締結している外国組合員のうち、一定の要件を満たすものについては、その投資組合契約に基づいて行う事業に係る組合 PE に帰属する一定の国内源泉所得について、所得税及び法人税を課さないこととされました（措法 41 条の 21、67 条の 16）（【事例 34】（264 頁）参照）。

Ⅲ

源泉所得税調査

Ⅲ　源泉所得税調査

第1　源泉所得税調査の概要

　国税庁では、「納税者の自発的な納税義務の履行を適正かつ円滑に実現する」という使命を果たす手段の1つとして、税務調査を実施しています。

　源泉所得税は、特定の所得を支払う者が、相手方の所得税を徴収し、納付する源泉徴収制度の仕組みの中で成立しています。

　本人の所得について課せられる所得税や法人税とは違って、源泉所得税は、所得者の税額について計算し、納付することになり、支払者にこの義務が課せられています。

　以上の源泉徴収制度の特色を踏まえ、源泉徴収義務が適正に履行されているかどうかを確認することを目的として、毎年、全国で113～117千件の源泉徴収義務者に対して、源泉所得税の実地調査が行われています。

源泉所得税の実地調査の状況

項目　＼　事務年度	25	26	27	28	29
調査件数	117千件	117千件	113千件	116千件	116千件
非違件数	32千件	34千件	34千件	35千件	36千件
追徴税額	254億円	261億円	435億円	281億円	304億円
調査1件当たり追徴税額	217千円	223千円	384千円	243千円	263千円

（注）各年の7月1日から翌年6月30日までの事績です。追徴税額には、加算税及び復興特別所得税を含みます。
〔出典〕国税庁「法人税等の調査事績の概要」をもとに作成

40

第2 源泉所得税調査の意義

源泉所得税調査とは、国税に関する法律の規定に基づき、源泉徴収の対象となる支払（所得）や源泉徴収税額等を認定する目的で、特定の源泉徴収義務者（以下、調査の対象となる源泉徴収義務者のことを「調査対象者」といいます。）に対して、質問検査権等の調査権限が与えられた税務職員（以下「税務調査官」といいます。）が行う証拠資料の収集、要件事実の認定、法令の解釈適用などの一連の行為をいいます。

なお、次の行為は調査には該当しませんので、法令等の調査手続に関する各規定は適用されません（平24課総5-9「1-2」）。不納付加算税の適用に当たっても、調査に基づくものではなく、自主納付によるものとして取り扱われます。

〔調査に該当しない行為〕

（1）税務職員が保有している情報又は提出された納付書の記載事項の確認の結果に照らして、源泉徴収税額の納税額に過不足徴収額がないかを確認するため、源泉徴収義務者に対して源泉徴収税額の自主納付等を要請する行為

（2）源泉所得税に関して、源泉徴収義務の有無を確認するため、その者に対して、当該必要な基礎的情報（源泉徴収の対象となる所得の支払の有無）の自発的な提供を要請した上で、必要に応じて源泉徴収税額の自主納付を要請する行為

Ⅲ　源泉所得税調査

第3　源泉所得税の調査体系

1　源泉所得税調査の区分

　源泉所得税の主要な事務は、源泉徴収義務者数の多くを法人が占めていることなどから、一般的には、税務署の法人課税部門（源泉所得税担当）が所掌しています。

　源泉所得税の調査事務も、基本的にはこの枠組みの中で行われ、調査の効率、源泉徴収義務者の様々な態様への対応、源泉所得税特有の専門性などの観点から、調査体制を整えています。具体的には、所得税や法人税などと同時に行う調査（以下「源泉同時調査」といいます。）と、源泉所得税のみに着目した調査（以下「源泉単独調査」といいます。）に大別されます。

2　源泉所得税調査の所掌部署

　源泉所得税調査は、上記の調査区分や源泉徴収義務者の態様などに応じて、おおむね次表に掲げる部署が担当しています。

　以下、原則として資本金1億円未満の法人を「税務署所管法人」、1億円以上の法人を「（国税局）調査部所管法人」といいます。

一般的な源泉所得税の調査体系

主な調査対象者	調査区分	調査税目	（税務署）調査担当職員
個人事業者等	源泉同時調査	所得税・源泉所得税・消費税等	個人課税部門（調査担当）
税務署所管法人		法人税・源泉所得税・消費税等	法人課税部門（調査担当）
調査部所管法人等大規模徴収義務者			特別国税調査官（源泉所得税調査担当）

42

第3　源泉所得税の調査体系

非居住者等所得の支払がある者	源泉単独調査	源泉所得税	国際税務専門官（源泉所得税調査担当）
上記以外（芸能法人、ホステス報酬の支払がある者など）			法人課税部門（源泉所得税担当の調査担当）

国税組織の概要図（調査関連部署）

国税庁	国税局（11） 札幌、仙台、関東信越、東京、 金沢、名古屋、大阪、広島、 高松、福岡、熊本 沖縄国税事務所	税務署（524）
税務行政を執行するための企画・立案や税法解釈の統一を行い、国税局・税務署を指揮監督しています。	管内の税務署を指揮監督するほか、税務相談などの納税者サービスの提供、大規模・広域・困難事案の税務調査や滞納処分などを行っています。	納税者との窓口であり、第一線で国税事務を担う行政機関です。

調査部	大規模法人などに対する調査を行っています。	個人課税部門	所得税や個人事業者の消費税などについての相談・調査を行っています。
査察部	悪質な脱税者に対して、刑事責任を追及するための調査を行っています。	法人課税部門	法人税、法人の消費税及び源泉所得税のほか、印紙税及び揮発油税などの相談・調査を行っています。

（注）国税局によっては、組織の呼称等が異なる場合があります。
〔出典〕国税庁「国税庁レポート（2018）」を加工（一部抜粋）して作成

（1）源泉同時調査

　所得税や法人税（税務署所管法人）等の調査に併せて、税務署の個人課税部門又は法人課税部門の調査担当者が行う調査です。

　同時調査は、例えば、法人役員の個人的費用の会社付け込みがあった場

43

合、法人税では役員賞与として益金に加算され、一方、源泉所得税では認定賞与の源泉徴収漏れとなる非違につながり、これらが同時に事案処理できるという税務当局側のメリットがあります。一方、調査を受ける側にとっても、複数の税目の調査がまとめて1回で済むというメリットがあります。

なお、源泉同時調査における調査対象の選定や実地調査は、所得税や法人税に主眼をおいて行われます。

〔認定賞与を指摘された場合〕

源泉同時調査において、売上除外等が把握された場合には、その除外等の資金の使途についても追及されます。

その結果、除外資金等が資産等として留保されている事実が確認されない場合には、役員等に対する賞与と認定される場合が一般的であり、この場合、法人税と源泉所得税のダブルで追徴課税を受けることになります。売上除外等の不正があったとはいえ、重加算税も加えると、多額の税金負担を余儀なくされることになります。

この除外資金について、役員等が費消していたことが明らかな場合は上記ダブル課税はやむを得ませんが、そうでない場合には、認定賞与ではなく、役員等に対する貸付金とすることも考えられます。その旨の申立てが認められることにより、源泉所得税の追徴課税が軽減されることになります。

なお、貸付金とすることが認められる場合には、①除外金額を当該役員等に対する貸付金とする旨の「取締役会議事録」と、②会社と役員等の間に、当該貸付金に係る返済方法や利息等を定めた「金銭消費貸借契約書」を作成し、その写しを税務署長に提出することが求められます。

認定賞与の場合は、源泉所得税の追徴をもって完了しますが、貸付金の場合には、その元本や利息を含めた債権債務の問題が完済されるまで残ることになりますので、この点、十分に検討した上で対応する

第3　源泉所得税の調査体系

必要があります。

　いずれとなるかは、最終的には、税務署長が認定することになります。

（2）源泉単独調査

　源泉徴収義務者の態様は、広範囲に及びます。前述したように、源泉徴収義務者数は350万者を超えていますが、この中には給与の支給人員が数人のところから数万人といった超大規模徴収義務者まで、その態様は区々となっています。また、源泉徴収の対象となる所得の種類も広範囲にわたり、非居住者等所得や特定の業界にしかみられないものなど、専門性が求められる分野もあります。

　このような源泉所得税の特殊性に対応するため、源泉同時調査とは別に、源泉所得税のみに着目した源泉単独調査が行われ、源泉徴収義務者の態様等に応じた次の①から③の調査体制が採られています。

　なお、調査部所管法人に対する源泉所得税の調査は、国税局の調査部には調査権限がありませんので、税務署の調査担当者が行います。調査部との連携により、調査部の法人税調査と税務署の源泉所得税調査が同時期に行われる場合もあります。

　調査の周期については、一概には言えませんが、大規模源泉徴収義務者に限りますと、一般的な追徴税額の遡及期間5年を斟酌した5年一巡が1つの目安ではないかと考えられます。

　また、次に掲げる特別国税調査官や国際税務専門官は、全ての税務署に配置されているわけではなく、大規模徴収義務者数の多寡などの地域性を考慮し、地域ブロックの中心となる特定の税務署に配置されています。さらに、法人課税部門の源泉所得税調査専担者が配置されていないところもあります。

　このような状況を補うために、地域によっては、調査担当者が自税務署以外の周辺の他の税務署管内の源泉徴収義務者の調査をするという広域運

45

Ⅲ　源泉所得税調査

営を行っている場合もありますので、留意する必要があります。

　これらの調査事務運営については、地域的な事情もありますので、各国税局により異なる場合があります。

① 　特別国税調査官（源泉所得税調査担当）

　国税局調査部に源泉所得税の調査権限がない調査部所管法人は、概して大規模徴収義務者であり、調査の緊要度も高く内部組織も複雑であることに鑑み、特定の税務署に経験豊富な特別国税調査官を配置して、主としてこれらの法人に対する源泉単独調査を行うこととしています。

② 　国際税務専門官（源泉所得税調査担当）

　経済の国際化に伴い、国境を越えた経済活動が複雑・多様化しています。このことを踏まえ、非居住者等取引について源泉所得税の観点から調査する必要性が求められ、特定の税務署に、専門的知識を有する国際税務専門官を配置して対応しています。

　国際税務専門官は、源泉所得税のうち、さらに非居住者等所得に特化した調査を行っています。

③ 　法人課税部門（源泉所得税担当の調査担当）

　特定の税務署のみに配置されている特別国税調査官及び国際税務専門官が行う調査は、量的には限りがありますので、法人課税部門（源泉所得税担当）の調査担当職員も調査を行います。調査部所管法人や非居住者等所得のほか、税務署所管法人であっても芸能報酬（芸能法人）やホステス報酬（バー・クラブなど）の支払がある者、源泉同時調査の対象とならない法人税の納税義務がない財団・社団法人や学校法人、宗教法人などが主な調査対象となります。

46

第4 調査手続

　源泉所得税調査は、裁判所の許可（令状）を得て行う強制調査（査察）と違って、源泉徴収義務者の協力を得て行う任意調査です。したがって、そこには一定のルールが必要になってきます。

　調査手続については、従来、税務当局の運用によって行われてきたところですが、手続の透明性及び納税者の予見可能性を高め、課税庁の納税者に対する説明責任を強化するなどの観点から、平成23年12月に、国税通則法にこれらの規定が盛り込まれ、法令上明確化されました。

　調査手続の法令化によって、調査の実態は従来と大きく変わったわけではありませんが、法令に明記されたことにより、これに反する調査は「違法」な調査となります。

　なお、源泉所得税調査については、税法の根拠を一にする所得税調査と混同する向きもあります。しかし、源泉徴収に係る所得税の納税義務とそれ以外の所得税の納税義務は別個に成立するものです。したがって、これらはそれぞれ別の調査として、調査手続の各規定が適用されます。

　調査手続の概要は、次の図のとおりです。以下、源泉所得税調査について、単独調査の場合を中心に、調査の時系列に沿って、基本的な手続の概要と留意すべき事項を順次説明します。

税務調査手続の概要図

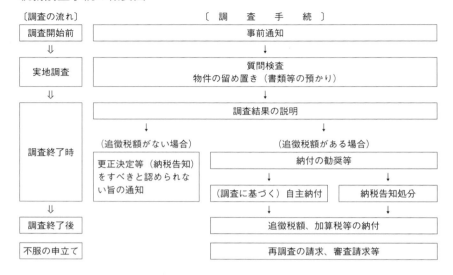

〔調査手続関係法令等〕

・国税通則法　第7章の2（国税の調査）
・国税通則法施行令　第7章の2（国税の調査）
・国税通則法施行規則　第11条の3、第11条の4
・国税通則法第7章の2（国税の調査）関係通達の制定について（法令解釈通達）（平成24年9月12日課総5-9（最終改正：平成30年3月9日））
・調査手続の実施に当たっての基本的な考え方等について（事務運営指針）（平成24年9月12日課総5-11（最終改正：平成29年3月30日））
・国税庁「税務調査手続に関するFAQ（一般納税者向け）」（平成28年12月改訂）
・国税庁「税務調査手続に関するFAQ（税理士向け）」（平成28年12月改訂）

1 事前通知

　税務調査官は、調査を行う場合には原則として、調査対象者及び「税務代理権限証書」を提出した税務代理人（以下「税理士等」といいます。）の双方に対し、調査開始日前までに相当の時間的余裕をおいて、電話等により、実地の調査において質問検査等を行う旨事前通知をすることとされています。その際、併せて、次の①から⑧の事項についても通知しなければならないことになっています（通則法74条の9、通則令30条の4第1項）。

　なお、所轄税務署長に提出した税務代理権限証書（様式は63頁参照）に、調査対象者への事前通知は当該税理士等に対して行われることについて同意する旨の記載があるときは、これらの通知は税理士等に対してのみ行えばよいことになっています。

　また、同意する旨の記載がない場合であっても、調査対象者の了解を得て、上記事前通知事項につき、税理士等を通じて通知することとしても差し支えないこととされています。

　事前通知が行われない、いわゆる無予告調査については、法令上は厳格な要件のもとに認められていますが、源泉所得税調査ではきわめて少ないものと考えられます。

① 　調査をする源泉徴収義務者の氏名（名称）、住所（居所）

② 　税務調査官の氏名及び所属官署（身分）

　　広域運営により、納税地を所轄する税務署以外の税務署に所属する税務調査官が担当する場合もありますので、留意してください。

③ 　実地調査を開始する日時

　　調査対象者や税理士等の業務上の都合などが勘案され、その理由が合理的なものである場合に限り、日程調整（変更）をすることができます。

　　この場合、税理士等は、調査対象者と税務調査官との調整役として、双方との協議を率先して行い、調査対象者の業務上の都合等が十分に尊

重されるよう、調整に当たる必要があります。

④　調査を行う場所

⑤　調査の目的

　　法令上の調査の目的（例えば、納付された源泉所得税の内容を確認するためなど）については事前通知されますが、実地に調査を行う理由について説明されることはありません。

⑥　調査の対象となる税目

　　源泉単独調査は、源泉所得税の単一税目となりますが、源泉同時調査の場合は、所得税、法人税、消費税など複数の税目が通知されます。

⑦　調査の対象となる期間

　　所得税は暦年、法人税は事業年度単位となりますが、源泉所得税は納付期限単位です。源泉所得税の納付期限は、納期の特例適用者を除いて毎月発生しますので、調査時直前までの期間が、調査対象となります。

⑧　調査の対象となる帳簿書類その他の物件

▌2　調査書類の準備依頼

　　大規模徴収義務者等への事前通知の際には、事後の調査を効率的に実施するため、必要書類の事前準備を求められる場合があります。想定される必要書類は、おおむね次のとおりです。書類の名称等は一律ではありませんので、疑問がある場合には、その内容を十分に確認した上で、可能な限り取り揃えて調査に対処することが、調査を受ける側にとっても、効率的と考えます。

　　なお、書類の準備に当たって、基本的には新たに書類を作成する必要はなく、存在しないものは、その旨回答すればよいでしょう。

【会社概況】

・会社案内、組織図

・有価証券報告書、決算書類

・取締役会等各種議事録

・稟議書（決裁文書）

・社内報

（注）上記、会社概況に関する資料からは、以下のような情報を確認しています。

　　・非居住者等取引情報

　　　海外営業所、海外子会社、海外の取引先など

　　・現物給与などの支給に関する情報

　　　会社の記念行事等の開催、社内表彰、福利厚生に関する施策など

　　・役員報酬、役員退職手当などの支給状況

　　・争訟事案などの情報（弁護士報酬など）

【共　　通】

・徴収高計算書（納付書（控））、税額計算資料

・総勘定元帳、各種補助簿

・会計伝票、証ひょう類（請求書、領収書等）

・源泉徴収に係る税務署への各種提出書類（控）

【給与関係】

・役員、従業員名簿

・各種規程（就業規則、出張旅費規程、慶弔規程等）

・給与台帳、源泉徴収簿、源泉徴収票

・年末調整関係書類（扶養控除等申告書、配偶者控除等申告書、住宅借入
　金等特別控除申告書等各種申告書）

・法定調書、同合計表（控）

・住民税の特別徴収税額の変更通知書（市区町村）

・社宅利用者リスト、借上社宅の契約書等

【非居住者等所得関係】

・海外出向者・長期出張者出入国リスト

・外国人社員の出入国リスト

・海外送金依頼書（控）

・租税条約に関する届出書（控）

【退職手当関係】
・退職所得の源泉徴収票
・退職所得の受給に関する申告書
・退職者リストと退職手当支給額の計算資料
【その他】
・機材等（パソコン、プリンターなど）

3　実地調査の実施

　税務調査官が実地調査を実施する場合（通常は調査初日）には、身分証明書と質問検査章を必ず提示してから、調査のために往訪した旨を明らかにした上で、調査に対する理解と協力を得て質問検査等を行うこととされています。

　源泉所得税調査は、広域運営を実施している地域があり、他税務署の税務調査官が担当する場合もありますので、身分証明書と質問検査章は必ず確認する必要があります。

　税務調査官が質問検査等を行う相手方は、一般的には調査対象者の代表者ですが、必要に応じその代理人、使用人その他の従業者も相手方となります。この場合、代表者の理解と協力を得た上で行うこととされています。

　さらに、税務調査官は、調査を進めるに当たって必要となる帳簿書類その他の物件（その写しを含みます。）について、調査対象者の理解と協力のもと、承諾を得てその提示・提出を求めて調査を行うこととされています。

　調査対象者には、税務調査官の質問検査権に基づく質問に誠実に答えることや、正当な理由なしに帳簿等の提示・提出要求を拒めないという受忍義務が課せられています（通則法128条）。

　具体的な調査の進め方は、担当する部署（特別国税調査官など）や税務調査官によって、様々な手法で行われますが、調査対象者が大規模徴収義務者である場合を例にとりますと、おおむね次のような調査が行われます。

52

第4 調査手続

① 調査の窓口となる部署は、経理部門（担当）が一般的です。必要に応じて、役員等や組織全体の各種業務を所掌している秘書部門、総務部門なども調査の相手方となります。

　また、非居住者等所得の調査に当たっては、海外との取引や契約を担当している部署も調査を行う対象になります。

　従業者等が使用している業務用パソコンなども、調査物件に含まれます。

② 税務調査官は、あらかじめ、調査対象者から提出されている申告書等各種税務関係書類を分析し、調査の項目を絞って調査に臨んでいます。

　税務調査官が、どのような項目に着目するかについては、次章を参照してください。なお、調査書類について事前に準備依頼があった場合には、これらの資料から調査項目をある程度推測することもできます。

③ 決算書類、稟議書、取締役会等各種議事録などから、現物給与、多額な報酬・料金等の支払、非居住者等所得に関する取引情報を把握するところから調査を開始し、さらに、調査項目を絞ってその後の調査を進めます。

④ 各種社内規程（出張旅費規程、慶弔費規程など）を概観し、当該規程の妥当性を検討しつつ、規程に沿わない支払に着目します。

⑤ 大規模徴収義務者については、必ずといってよいほど、給与所得者の年末調整に関して、扶養控除等各種申告書などにより内容を確認します。例えば、市区町村からの「住民税の特別徴収税額の変更通知書」と調査対象者が行った年末調整の計算は一致しているか、などの観点から確認が行われます。

▌4　帳簿書類等の留置き（預かり）

　税務調査官が、調査の過程で、次の理由などにより、調査対象者の承諾を得て、提出を受けた帳簿書類等を預かる場合があります。

① 事務所等で調査を行うスペースがなく調査を効率的に行うことができ

53

ないとき

② 帳簿書類等の写しの作成が必要であるが調査先にコピー機がないとき

③ 相当分量の帳簿書類等を検査する必要があり、税務署内でそれらの検査を行うことにより、相手方の負担軽減や迅速な調査ができると認められるとき

　税務調査官が帳簿書類等を預かる場合には、それらの名称など必要事項を記載した「預り証」を交付しなければならないことになっています。

　この「預り証」は、法令に基づく書面ですので、これが交付される際には、交付送達の手続としての署名・押印が求められます。

　書類等を預かっておく必要がなくなったときには、交付された「預り証」と引換えに返還されます。

┃ 5　調査終了時の手続

（1）調査結果の内容の説明等

　税務調査官は、調査の結果、告知処分をすべきと認められる非違がある場合には、当該調査対象者に対し、非違の内容等（課税期間等、告知処分をすべきと認める金額（追徴税額）、その理由等）を伝え、併せて、加算税、延滞税について、原則として口頭により説明することとされています。

　同時に、追徴税額についての自主納付の勧奨と不服申立ての説明とその旨を記した教示文を交付します。自主納付の勧奨に応ずるかどうかは、調査対象者の任意であり、応じないからといって不利益な取扱いを受けることはありません。

　なお、非違に係る遡及期間は、一般的には「5年」です。

　調査に基づく自主納付については、法人税等の修正申告と同様に、事後に不服申立てをすることはできません。

　調査結果に納得できない場合には、税務署長からの告知処分を受けて、その処分に対して不服申立てを行うことになります（「**第6　不服申立て**」（66頁）参照）。不服申立てをする場合には、調査による非違の事実と法

的根拠について、税務調査官から詳細に説明を受けておくことが重要となります。

　調査結果の内容の説明等は、当該調査対象者の同意を得て、税理士等が受けることもできます。

（2）更正決定等をすべきと認められない旨の通知

　調査の結果、納税告知処分をすべきと認められない、つまり、非違がない課税期間等がある場合には、調査対象者に対して、「更正決定等をすべきと認められない旨の通知書」が送付されます。

更正決定等をすべきと認められない旨の通知書（抜粋）

　　　　　第　　　　　号　（　整理番号　　）

平成　　　年　　月　　日

（納税地）　□□□-□□□□

（氏名）　　　　　　　　殿

税　務　署　長

印

更正決定等をすべきと認められない旨の通知書

　下記の内容について、国税に関する実地の調査を行った結果、更正決定等をすべきと認められませんので通知します。

記

税　目	更正決定等をすべきと認められない課税期間等	（参考）　調査対象期間

Ⅲ　源泉所得税調査

6　調査終了後の手続

（1）追徴税額の納付

　調査の結果、非違があったことによる追徴税額については、調査対象者が「納付書」により自ら納付するか、税務署長からの「納税告知書」（納税告知処分）により納付（通則法36条）するか、のいずれかによることになります。納税告知処分に対しては不服申立てをすることができますが、勧奨に応じて自ら納付した場合には、その追徴税額に対して、不服申立てをすることはできません。

　追徴税額については、納付漏れの場合を除き、所得税の負担者である所得者から、源泉徴収義務者の求償権に基づき徴収することになります。仮に、所得者から徴収せず、源泉徴収義務者がこの税額を負担した場合には、新たな給与等の支払があったものとしてその負担相当額にさらに源泉徴収税額が発生することになります。

【追徴税額があった場合の経理処理（仕訳例）】

○　所得者から徴収するケース（一般的なケース）

〔納付時〕	源泉所得税預り金	×××	／	現金預金	×××
〔請求時〕	未収金	×××	／	源泉所得税預り金	×××
〔徴収時〕	現金預金	×××	／	未収金	×××

　一般的には、源泉徴収義務者の求償権に基づき、所得者から追徴税額相当額を徴収して納付します。損益への影響はありません。なお、これらの経理処理が同一事業年度に行われる場合には、未収金に係る会計取引は省略しても、特に問題は生じません。

○　源泉徴収義務者が負担するケース

〔納付時〕	給料等①	×××	／	現金預金	×××
	給料等②	×××	／	源泉所得税預り金	×××

　源泉徴収義務者が求償権の行使を放棄したことになりますので、その

時点で所得者は追徴税額相当額の利益（給料等①）を得たことになります。したがって、この利益部分について、所得税の源泉徴収（給料等②）が必要となります。さらに、給料等②に対する源泉徴収が必要となり、この計算は、延々と続くことになります。この場合、計算が１回で済むグロスアップ計算によることもできます（所基通221-1（２））。

　給与等の損金算入時期は、源泉徴収税額を負担（納付）した事業年度となります（法基通９-５-３）。

○　当初契約が税引手取額となっているケース

〔当初支給日の修正仕訳〕

　　　　　　給与等　　　　×××　／　源泉所得税預り金　×××

〔納付時〕　源泉所得税預り金　×××　／　現金預金　　　　×××

　グロスアップ計算による額が、追徴税額として納付する税額となります（所基通221-1（１））。

　なお、この税額相当額は、追徴の原因となった給与等の支給時に納税義務が成立し確定していますので、損金の算入時期は、当初の支給日を含む事業年度になります。

〔グロスアップ計算とは〕

　税引手取額を税込みの金額に逆算し、この逆算した金額を源泉徴収の対象となるものの支払額として、源泉徴収税額を計算することをいいます（所基通181〜223共-４）。

　給与所得の税額表を適用する場合、報酬・料金等の場合は単一税率か、二段階税率か、定額控除があるか、などで計算方法等は異なります。この場合、「支払金額」（受給者からすると「収入金額」）は、税引手取額と源泉徴収税額との合計額となりますので、留意する必要があります。

Ⅲ　源泉所得税調査

（2）加算税等の納付

①　不納付加算税

　調査に基づく追徴税額に対しては、納付書により自ら納付したか、納税告知処分により納付したかにかかわらず、納付すべき税額の10％相当額の不納付加算税が課されます（通則法67条）。

　不納付加算税は、税務署長からの加算税賦課決定通知書により納付することになります。告知処分の場合には、追徴税額と加算税の額が同時に通知（「加算税賦課決定通知書及び納税告知書」）されますので、それにより納付します。

　なお、追徴の原因が、税法の解釈に関して相当の理由があると認められる場合や、給与所得者から提出を受けた扶養控除等申告書等に基づいて控除したことにつき源泉徴収義務者の責めに帰すべき事由があると認められない場合には、不納付加算税は課されません（平12課法7-9）。詳しくは、Ⅰの「第7　不納付加算税等」（17頁）を参照してください。

【不納付加算税を納付したときの会計処理（仕訳例）】

> 租税公課　×××　／　現金預金　×××

　不納付加算税や重加算税、延滞税は、法人税においては損金にはなりませんので、申告をする際には、益金に加算する必要があります。

②　重加算税

　調査に基づく追徴税額が、帳簿書類の改ざんなど調査対象者の「隠蔽又は仮装」の不正事実に基づくものである場合には、不納付加算税に代えて追徴税額の35％（5年内のいわゆる再犯の場合は45％）の重加算税が課されます（通則法68条3項）。

　なお、不正事実は、調査対象者に係る行為に限られますので、例えば、源泉所得税を徴収される所得者に係る不正の事実で、調査対象者が直接関与していない場合は、不正事実には該当しません。

　また、源泉所得税が法定納期限までに完納されなかったことが不正事実に基づいている限り、重加算税の対象となります。例えば、源泉徴収自体

は正しく行っていたとしても、給与明細書等を改ざんして納付税額を過少に算出して納付していたような場合は、重加算税の対象となります。

「隠蔽又は仮装」とは、具体的には次のような事実をいいます（平12課法7-8）。

・いわゆる二重帳簿を作成していること
・帳簿書類を破棄又は隠匿していること
・帳簿書類の改ざん（偽造及び変造を含みます。）、帳簿書類への虚偽記載、相手との通謀による虚偽の証ひょう書類の作成、帳簿書類の意図的な集計違算その他の方法により仮装の経理を行っていること
・帳簿書類の作成又は帳簿書類への記録をせず、源泉徴収の対象となる支払事実の全部又は一部を隠蔽していること

【帳簿書類の範囲】

上記の帳簿書類とは、源泉所得税の徴収又は納付に関する一切のものをいいますので、会計帳簿、原始記録、証ひょう書類その他会計に関する帳簿書類のほか、次に掲げるような帳簿書類を含みます。これらの帳簿書類は、調査の際に、提示・提出を求められる書類であることをも意味しています。

・給与所得及び退職所得に対する源泉徴収簿その他源泉所得税の徴収に関する備付帳簿
・株主総会・取締役会等の議事録、報酬・料金等に係る契約書、給与等の支給規則、出勤簿、出張・超過勤務・宿日直等の命令簿又は事績簿、社会保険事務所、労働基準監督署又は地方公共団体等の官公署に対する申請又は届出等に関する書類その他の帳簿書類のうち、源泉所得税の税額計算の基礎資料となるもの
・支払調書、源泉徴収票、給与支払事務所等の開設届出書、給与所得又は退職所得の支払明細書その他源泉徴収義務者が法令の規定に基づいて作成し、かつ、交付し又は提出する書類
・給与所得者の扶養控除等申告書等各種申告書、退職所得の受給に関する

申告書、非課税貯蓄申告書、非課税貯蓄申込書、配当所得の源泉分離課税の選択申告書、年末調整による過納額還付請求書、租税条約に関する届出書その他源泉所得税を徴収される者が法令の規定に基づいて提出し又は提示する書類

【認定賞与等に対する重加算税の取扱い】

法人税について、「認定賞与等」として重加算税が課される場合において、当該重加算税の対象とされる所得の金額に達するまでの認定賞与等の金額については、源泉所得税の重加算税の対象とはなりません。つまり、法人税の重加算税が課された部分については、源泉所得税の重加算税は課されないということです。ただし、例えば、法人税については赤字申告で、調査により不正事実に基づく認定賞与等の所得加算があったとしても、追徴法人税額が生じない場合には、源泉所得税の追徴税額に対して重加算税が課されます。

③　延滞税

源泉所得税の追徴があった場合には、加算税のほかに、その追徴税額を納付する日までの期間（日数）に応じた利息に相当する延滞税が課されます（通則法 60 条）。

延滞税の割合

期　　間 ＼ 区　分	納付期限の翌日から2か月を経過する日まで	納付期限の翌日から2か月を経過した日以後
平成 26 年 1 月 1 日～ 平成 26 年 12 月 31 日	年　2.9　%	年　9.2　%
平成 27 年 1 月 1 日～ 平成 28 年 12 月 31 日	年　2.8　%	年　9.1　%
平成 29 年 1 月 1 日～ 平成 29 年 12 月 31 日	年　2.7　%	年　9.0　%
平成 30 年 1 月 1 日～ 平成 31 年 12 月 31 日	年　2.6　%	年　8.9　%

（注）納税の告知が行われた場合の上記「納付期限」は、税務署長が納税告知書を発した日の翌日から起算して1か月を経過する日です。

第4 調査手続

COLUMN 調査対策は日常業務にあり🔍

他人名義により分散して給与を支給していた事例

その2 重加算税の賦課事例

　給与に対する源泉所得税について、他人名義の借用や架空名義を使用して数人に分散することによって、源泉徴収税額が発生しないように装い、納付を免れているケースが現実にあります。

　このようなことを行う動機としては、①アルバイトやパート就労者がその配偶者等の扶養控除を受ける（いわゆる103万円の壁など）ためや、②少しでも多く手取額を確保したいといった受給者側の要請があることは十分想定できます。一方、雇用する側としても、労働者の確保につながりやすいなどのメリットがあるということも否めません。

　しかしながら、いかなる理由があるといえども、結果として源泉所得税の徴収と納付を怠っていたことになり、辻褄合わせに行う給与明細書や源泉徴収票の改ざんは「隠蔽又は仮装」に当たりますので、その追徴税額に対して、重加算税が課されます。

　源泉徴収は正しく行っていたとしても、上記のような不正行為により納付を免れていた場合も、同様に重加算税が課されます。

61

Ⅲ　源泉所得税調査

第5　源泉所得税と税理士業務

▎1　税理士の役割

　税理士は、税務に関する専門家として、独立した公正な立場において、申告納税制度の理念に沿って、納税義務者の信頼に応え、租税に関する法令に規定された納税義務の適正な実現を図ることを使命としています（税理士法1条）。

　この使命を実現するために、主として①税務代理、②税務書類の作成、及び③税務相談に係る業務を行うことになります（税理士法2条）。

　この中で、税務代理行為は、具体的には「税務官公署の調査若しくは処分に関し、税務官公署に対してする主張若しくは陳述につき、代理し、又は代行する」ことをいい、本書のテーマである税務調査に立ち会うことは、税務代理の骨格をなす重要な行為の1つです。

　源泉単独調査に限らず、他の税目との同時調査の際にも、源泉所得税はチェックされることになっていますので、現実に源泉所得税に関して、調査立会いを求められるケースも多いのではないかと思料します。

　源泉所得税調査については、税理士は、「税務代理権限証書」を提出することによって、調査の事前連絡から調査終了時の結果説明に至るまで、調査対象者の了解のもとにかかわることができます。

　なお、顧問先によっては、源泉所得税について税務代理業務に含めていない場合もあるようです。このような場合であっても、顧問先の求めに応じて、所轄税務署長に「税務代理権限証書」を提出することにより、以後の調査に関与することができます。

62

第5 源泉所得税と税理士業務

税務代理権限証書（関係部分抜粋）

調査の通知に関する同意	上記の代理人に税務代理を委任した事項（過年分の税務代理権限証書において委任した事項を含みます。以下同じ。）に関して調査が行われる場合には、私（当法人）への調査の通知は、当該代理人に対して行われることに同意します。【同意する場合には□にレ印を記載してください。】	□

1　税務代理の対象に関する事項		
税　目 （該当する税目にレ印を記載してください。）		年　分　等
所得税 （「復興特別所得税を含む。」） ※源泉徴収に係るもの	□	自　平成　年　月　日　至　平成　年　月　日 （法定納期限到来分）

▌2　源泉所得税の指導に当たっての視点

　会社などの組織を有するところには、給与等をはじめ、源泉所得税にまつわる問題が少なからず発生します。また、突発的な支払があった場合（例えば、争訟案件に係るものや外国法人などへの支払など）、その内容いかんでは、源泉所得税の対象となる場合も多々あります。つまり、源泉所得税は、日常的に発生するものと、偶発的に発生するものとが混在しています。

　源泉所得税は、基本的には「支払なければ源泉徴収なし」ですので、特に経常時にはない個人（居住者）、非居住者等に対する特異な支払があれば、源泉所得税の対象となるかどうかを検討するなど、体制を整えておくことが重要です。

　また、給与等に関していえば、基本給以外の各種手当やいわゆる現物給与については、源泉所得税の対象となるかどうかの判断が求められます。また、その支払方法等によって課税されないケースもありますので、それらを理解した上でその方策をアドバイスすることも必要です。

63

例えば、出張旅費や慶弔費などについて、社内規程等を整備しておくことにより、課税されない根拠が明確になるほか、支払事務も軽減されるものと考えます。社員等に周知・公表される各種社内規程等に定められた内容のものであれば、「特定の者」のみではなく全員を対象にしている裏付けにもなり、全社員等が一律に供与を受けるものであるとの証明にもなります。なお、社員等の地位等に応じて現物給与の条件が異なっていても、この場合は、客観的にみて支払額の差についても「合理的な格差」の許容範囲内と認められるのではないかと考えます。

　現物給与の取扱いは、物やサービスで提供される場合に限って適用されるものです。したがって、給与所得者が受ける利益が同じであるとしても、金銭（換金性のある金券等を含みます。）の場合は、原則として非課税とはなりません。しかし、業者等と直接契約した上で、これらの者に直接支払うことにより、課税されない取扱いを受けることができる場合もあります。特に、福利厚生関係の各種企画・実施に当たっては、これらの制度設計を検討しておくことが重要です。

　各種手当や現物給与等は、その取扱いについて、多くは所得税基本通達に規定されています。特に、現物給与に関しては、「課税しなくて差し支えない。」と表現されているものが多く見受けられます。課税しなくて差し支えないものについてまで課税することのないように、これらの規定を十分に理解して対応しておくことが、顧問先、その従事者（所得者）双方の利益につながります。

　源泉所得税は、基本的には「節税」には馴染みません。ただ、上述したように、「課税しなくて差し支えない」分野が少なからずありますので、これらを理解しておくことが、結果的には受給者も含めた節税につながります。

　その上で、源泉徴収の対象となる所得について、源泉徴収税額を正しく計算し、それを期限内に納付することが、最大の節税であると考えます。

第5　源泉所得税と税理士業務

COLUMN　調査対策は日常業務にあり

その3 「課税しなくて差し支えない」とは

　法令解釈の統一を図るため、国税庁長官から税務の執行現場である国税局や税務署に対する命令として、通達が定められています。この通達は公表されていますので、納税者にとっても、法令と同様の効果があります。

　給与所得者の個々の現物給与の取扱いは、所得税基本通達に定められています。具体的には、同通達の法第36条（収入金額）関係の「給与等に係る経済的利益」の項（所基通36-21 〜 36-35の2）に、詳細に規定されています。給与所得者に対する経済的利益（現物給与）の取扱いは、ほとんどの条項で、一定の要件のもとに「課税しなくて差し支えない。」という文言で締めくくられています。

　簡潔に説明するために、本書でも現物給与の説明に際し、非課税という文言を使用していますが、本来、「非課税＝課税しなくて差し支えない」ということではありません。現物給与は原則課税、一定の場合に課税しなくともよいということであって、仮に課税されていた場合には、それでも間違いではありません。非課税所得に課税してしまった場合には、手続をすることによって税額の還付を受けることができますが、「課税しなくて差し支えない」ものに課税した場合には、原則としてこの源泉徴収税額を取り戻すことはできません。

　給与等の支払者は、事前に通達の内容等を十分に理解しておき、課税しなくてもよいものにまで課税することのないよう、十分留意する必要があります。

65

Ⅲ 源泉所得税調査

第6 不服申立て

　税務署長が行った納税告知処分及び加算税の賦課決定処分（以下「原処分」といいます。）に不服があるときは、以下の不服申立てをすることができます。追徴税額について納得した場合であっても、加算税の賦課決定処分に不服がある場合には、この処分について単独で不服申立てをすることもできます（通則法75条）。

不服申立て手続の概要

申立て種類	申 立 て 期 限	申立て先
再調査の請求	原処分の通知を受けた日の翌日から3か月以内	所轄税務署長
審査請求	①　再調査決定書謄本の送達を受けた日の翌日から1か月以内 ②　再調査の請求を経ずに、審査請求をする場合は、原処分の通知を受けた日の翌日から3か月以内	国税不服審判所長
訴　訟	裁決の通知を受けた日の翌日から6か月以内	裁判所

┃ 1　再調査の請求

　再調査の請求は、原則として原処分の通知を受けた日の翌日から3か月以内に、処分を受けた所轄税務署長に再調査の請求書を提出することにより行います。

　広域調査により、他署の税務調査官が行った調査の場合であっても、納税地を所轄する税務署長に対して行います。

　再調査の請求書を受理した税務署長は、その処分が正しかったかどうかを調査・審理し、その結果を再調査決定書謄本により源泉徴収義務者に通

知します。

なお、この再調査の請求を経ずに、直接国税不服審判所長に対して次の審査請求を行うこともできます。

2 審査請求

税務署長が行った処分に不服があるときは、その処分の取消しや変更を求めて国税不服審判所長に対して不服を申し立てることができます。これを「審査請求」といいます。

審査請求は、再調査の請求を経ずに行うことができ、また、再調査の請求に対する税務署長の判断になお不服があるときにも行うことができます。

審査請求の期間は、原則として、再調査の請求を経ずに行う場合には原処分の通知を受けた日の翌日から3か月以内に、再調査の請求を経てから行う場合には再調査決定書謄本の送達を受けた日の翌日から1か月以内に、審査請求書を国税不服審判所長に提出することにより行います。なお、再調査の請求後、3か月経過してもその決定がない場合には、決定を経ずに国税不服審判所長に対して審査請求をすることができます。この場合、再調査の請求は取り下げられたものとみなされます。

請求先となる国税不服審判所は、全国に12の支部、7つの支所があります。また、原処分を行った所轄税務署を経由して提出することもできます。

審査請求書を受理した国税不服審判所長は、その処分が正しかったかどうかを調査・審理し、その結果を裁決書謄本により納税者に通知します。国税不服審判所では、審査請求書が到達してから裁決までに通常要すべき標準的な期間を1年と定めています。

3 訴訟

国税不服審判所長の判断になお不服がある場合には、裁判所に訴えを提

起することができます。

　この訴えの提起は、原則として上記2の審査請求による国税不服審判所長からの裁決の通知を受けた日の翌日から6か月以内に行う必要があります。

　また、審査請求がされた日の翌日から起算して3か月を経過しても裁決がないときは、裁決を経ないで裁判所に訴えを提起することができます。この場合、審査請求を取り下げることなく、引き続き国税不服審判所の裁決を求めることもできます。

IV

税務調査官の視点からみる調査時のポイント

Ⅳ　税務調査官の視点からみる調査時のポイント

　源泉所得税調査は、国税庁及び各国税局の調査方針を基本とし、源泉徴収義務者の源泉所得税の納付事績や税務署に提出された法人税申告書等との比較・分析、さらに蓄積されている各種資料情報などを検討しつつ、調査対象を絞り込んだ上で行われます。これらの検討を行った結果、税務調査官が調査によって解明すべき事項が質量ともに重大な疑義があると見込まれる者が、具体的な調査対象として浮かび上がってくることになります。

　以上のことを踏まえて、本章では「税務調査官の視点からみる調査時のポイント」をテーマに、項目ごとに解説することとします。

第1　源泉所得税調査の動向

最初に、源泉所得税調査の最近の動向をみておきましょう。

源泉所得税の調査事績について、国税庁では、例年「法人税等の調査事績の概要」を公表しています。源泉所得税についてみますと、所得種類別のここ5年間の調査事績（追徴税額）は、次表のとおり、給与所得、非居住者等所得、次いで報酬・料金等所得の順となっています。

給与所得については、課税（納付）事績と比べてみても、追徴税額がもっとも多いということは当然のことといえます。

特筆すべきは、非居住者等所得です。課税（納付）事績の構成割合が3.6%であるのに対し、追徴税額の同割合は実に26.2%となっています。

公表されている調査事績に係るコメントと併せ考えると、国税庁では、いかに海外取引（非居住者や外国法人に対する支払）に係る非居住者等所得について、重点的に取り組んでいるかがうかがえます。

その取り組みの1つとして、前述したように、特定の税務署に国際税務専門官（源泉所得税調査担当）を配置して、非居住者等所得に特化した調査事務運営を行っています。

なお、海外取引に係る調査については、源泉所得税のみならず法人税や所得税などの各税目においても重点的に取り組んでおり、源泉所得税の場合と同様に、特定の税務署に個人調査担当（所得税等）、個人調査担当（資産税）、法人調査担当（法人税等）の各国際税務専門官を配置して対応しています。

Ⅳ　税務調査官の視点からみる調査時のポイント

調査による源泉所得税追徴税額の状況

項目	事務年度	追徴税額							参考：課税（納付）事績	
		25	26	27	28	29	5年度計	構成割合	29	構成割合
		億円	億円	億円	億円	億円	億円	%	億円	%
内訳	給与所得	172	171	194	182	173	892	64.6	108,460	59.8
	退職所得	3	3	3	3	3	15	1.1	2,310	1.3
	利子所得等	1	1	3	4	1	10	0.7	3,711	2.0
	配当所得等	3	3	6	5	3	20	1.4	48,205	26.6
	報酬・料金等所得	17	16	16	14	15	78	5.7	12,255	6.7
	非居住者等所得	30	41	170	43	78	362	26.2	6,576	3.6
計		228	235	392	251	274	1,380	100.0	181,517	100.0

〔出典〕国税庁「法人税等の調査事績の概要」、「法人税等の申告（課税）事績の概要」（平成 25 ～ 29
　　　事務年度）をもとに作成

海外取引法人等に対する取組（源泉所得税等）

～海外取引等に係る源泉所得税等で 78 億円を追徴～

➤　経済の国際化に伴い、企業や個人による国境を越えた経済活動が複雑・多様化
する中、国税庁では、非居住者や外国法人に対する支払（非居住者等所得）につ
いて、国外送金等調書をはじめとした資料情報等を活用し、源泉所得税等の観点
から、重点的かつ深度ある調査を実施しています。

〔出典〕国税庁「平成 29 事務年度　法人税等の調査事績の概要」のコメント（抜粋）

非居住者等所得に係る源泉所得税の調査の状況

項目	事務年度	25	26	27	28	29
非違があった件数		件 1,317	件 1,493	件 1,527	件 1,556	件 1,684
調査による追徴本税額		百万円 3,042	百万円 4,072	百万円 16,988	百万円 4,253	百万円 7,828

〔出典〕国税庁「法人税等の調査事績の概要」（平成 25 ～ 29 事務年度）をもとに作成

非居住者等所得に係る非違件数（追徴本税額２千万円以上）の内訳

使用料等 28%	人的役務提供事業 28%	不動産賃貸等 12%	給与等 9 %	不動産譲渡 9 %	利子・配当 14%

〔出典〕国税庁「平成 29 事務年度　法人税等の調査事績の概要」をもとに作成

実務のポイントをつかむ

　海外取引に当たっては、多くの場合、外国法人等との間に契約書を取り交わした上で行われるのではないかと考えます。

　その中で、取引に関して租税の負担が伴う場合には、必ず租税負担に関する条項も明記されることになります。したがって、当該取引について、源泉所得税の対象となるかどうか、租税条約の適用も含めて、事前に十分に検討しておくことが求められます。その結果、「租税条約の届出書」の提出が必要と認められる場合には、必ず提出してもらうよう十分に留意する必要があります。提出されるべき同届出書の提出がないと、この取引に関する源泉課税に問題があるものと認識されることになります。

　源泉所得税の対象となる取引であることが後々判明した場合には、調査等での追徴対象となるばかりではなく、本来非居住者等が税額を負担すべきであるところ、契約書に明記されていないことなどを理由に支払を拒否され、支払者側が負担を被ることにもなりかねません。

Ⅳ 税務調査官の視点からみる調査時のポイント

第2 納付事績からみた視点

　源泉所得税は、その対象となる所得について、税額の計算を正しく行い、これらの税額が納付されることによって完結します。したがって、税務署は、納税者等から納付された源泉所得税は、納付書をもとに、事績として厳重に管理するとともに、源泉徴収義務の確実な履行を確認するための情報等として活用しています。

　調査対象を選定する場合にも、一般的には、この納付事績を分析することからスタートすることになります。

　税務調査官は、納付事績の次のような事象に着目しています。
① 　前年に比して、支給金額や税額等に大幅な増減はないか。
　→退職手当等の支給額等が前年に比して大幅に増加しているが、源泉所得税額は正しく計算されているか。
② 　支給人員等と対比して、納付税額は適正か。
　→支給人員等に比べて、納付税額が過少ではないか。
（注）通常、支給人員や支給額と源泉所得税の納付税額との間には、一定の整合性があります。
③ 　給与等の支給額の月々の大幅な変動や、いわゆる穴あきはないか。
　→源泉所得税が正しく計算され、徴収されているか。その税額は納付されているか。
④ 　申告書等からみてあるべき納付事績がない、又は過少ではないか。
　→決算書等からみて、活発な海外取引が想定されるが、非居住者等所得の納付事績がない、又は過少ではないか。

実務のポイントをつかむ

　上記に掲げた税務調査官の視点における問題は、源泉徴収義務者の

事務手続等のミスによって生じる場合もあります。このようなミスが、結果的に税務調査を自ら呼び込むことにもなりかねませんので、以下の点に留意する必要があります。

（1）納付書の使用誤り

源泉所得税の納付書（所得税徴収高計算書）は、納期の特例対象の給与等の納付書を含めて10種類あります（Ⅰの「第6　納付手続　2　納付書の種類」（13頁）参照）。これらは、当然のことながら、納付する所得種類に応じて使用すべき納付書が定められています。したがって、納付書を誤って使用すると、本来あるべき納付事績がないということになり、税務調査官の目に留まります。

特に、所得税法第204条第1項第2号に規定されている弁護士や税理士報酬などは、報酬・料金等ではなく給与所得等の納付書を使用することになっていますので、間違わないよう留意する必要があります。

（2）納付書記載欄の誤り

例えば、給与所得等の納付書には、「俸給・給料等」、「賞与（役員賞与を除く。）」、「日雇労務者の賃金」、「退職手当等」、「税理士等の報酬」、「役員賞与」の各欄があり、記載欄を誤ると、本来の区分の納付事績に反映されないことになります。納付したという事績は残りますが、記載欄の誤りにより、例えば、賞与あるいは退職手当等の納付事績がないといった疑念を税務調査官に抱かれかねません。

（3）ゼロ納付書の提出

給与の支給がある場合には、たとえ税額が発生しない月があったとしても、所得税徴収高計算書（納付書）を、税務署に直接提出しなければなりません（Ⅰの「第6　納付手続　3　納付の際の留意事項（2）」（14頁）参照）。

この提出がないと、税務署は「未納ではないか」という目でみます。

ゼロ納付書の提出は、源泉徴収義務者にとって、「未納ではありませんよ。」という意思表示にもなります。

Ⅳ 税務調査官の視点からみる調査時のポイント

第3 法人税申告書等からみた視点

　源泉徴収義務者は、法人税や所得税等の納税者でもあります。これらの者は税務署へ申告することになりますが、提出される申告書等には、源泉所得税に関する重要な情報が盛り込まれています。税務調査官は、これらの情報に対応する納付事績等にも着目しています。

　ここでは、法人税の確定申告書を中心に、貸借対照表、損益計算書などの科目ごとに、税務調査官の着眼点と実務上留意すべき事項等を順次解説します。

貸借対照表 損益計算書	貸 付 金 受取利息	勘 定 科 目 内訳明細書	貸付金及び受取利息の内訳書

税務調査官の着眼点

・貸付先が代表者、役員、同族関係者などではないか。また、これらの者に対する期中の受取利息の額の計上はあるか。

解　説

　会社が、役員等に対し、金銭を無利息又は低利で貸し付けた場合、これら役員等が受ける経済的利益は、給与等として課税されますので、源泉徴収の必要があります。この場合のいわゆる認定利息等は、次のとおりです。

〔貸付金の認定利息〕

（1）使用者が他から借り入れて貸し付けた場合（ひも付き）……その借入金利率

（2）（1）以外の場合……貸付けを行った日の属する特例基準割合による利率

（特例基準割合による利率）

　　平成21年中の貸付け　　　・・・・・・・・　4.5%

76

第3　法人税申告書等からみた視点

平成 22 年〜 25 年中の貸付け	・・・・・・・・・		4.3%
平成 26 年中の貸付け	・・・・・・・・		1.9%
平成 27 年〜 28 年中の貸付け	・・・・・・・		1.8%
平成 29 年中の貸付け	・・・・・・・・		1.7%
平成 30 年中の貸付け	・・・・・・・・		1.6%

（3）収入すべき時期

　各月ごとにその月の末日、又は 1 年を超えない一定期間ごとのその期間の末日（事業年度末など）

＜参考法令＞　所基通 36-15、36-16、36-49

貸借対照表	仮払金	勘 定 科 目 内訳明細書	仮払金（前渡金）の内訳書

税務調査官の着眼点

・仮払金の相手先が代表者、役員、同族関係者などで多額に計上されていないか。また、これらの者に対する期末残高の前期以前からの推移はどうか。
・仮払金の相手先に、弁護士等はいないか。

解　説

　代表者等に対する仮払金について、個人的に費消されているなどその内容いかんでは、給与等として源泉徴収が必要になります。また、長期間精算されていない場合は、実質的に貸付金とみなされます。この場合には、上記貸付金同様、認定利息に対して源泉徴収の必要がでてきます。

　また、仮払金の相手先が弁護士等である場合には、着手金等の名目であったとしても、既に支払が行われていますので、一般的には源泉徴収が必要です。まだ業務が行われていないことから、精算時に源泉徴収をすればよいと誤解しているケースも多いようです。ちなみに、このような着手金等は、弁護士等の所得税の計算上、受け取った時の収入とされています（所

77

Ⅳ　税務調査官の視点からみる調査時のポイント

基通36-8（5））。勘定科目内訳明細書の「科目」、「取引の内容」などを
確認しておく必要があります。

貸借対照表 損益計算書	繰延資産 使用料など	勘定科目 内訳明細書	工業所有権等の使用料の内訳書

税務調査官の着眼点

・使用料等の支払先に、個人や非居住者等はいないか。

解　説

　特許権や実用新案権、意匠権、商標権等の使用料を個人に支払う場合は、
報酬・料金等として源泉徴収をする必要があります。

　また、同様に特許権等の使用料や譲受代金を非居住者や外国法人に支払
う場合には、非居住者等所得（使用料等）として源泉徴収が必要です。

　勘定科目内訳明細書の支払先の名称（氏名）や所在地（住所）などを確
認しておく必要があります。

＜参考法令＞　所法161条1項11号、204条1項1号、205条、212条1項

貸借対照表	土地	勘定科目 内訳明細書	固定資産（土地、土地の上に存する権利 及び建物に限る。）の内訳書

税務調査官の着眼点

・土地等の期中取得に係る購入先に、非居住者等はいないか。

解　説

　土地の売買取引に関しては、通常、源泉所得税の問題は生じません。し
かしながら、購入先が非居住者や外国法人の場合には、その譲渡対価を支
払う際に、非居住者等所得（不動産の譲渡）として源泉徴収が必要となり
ます。

　勘定科目内訳明細書の購入先の名称（氏名）や所在地（住所）などを確
認しておく必要があります。

　＜参考法令＞　所法161条1項5号、212条1項

第3 法人税申告書等からみた視点

貸借対照表	未払金	勘定科目 内訳明細書	買掛金（未払金・未払費用）の内訳書

（税務調査官の着眼点）

・未払金等の相手先に役員、株主等はいないか。

・未払金等の相手先に個人が多くないか。

解　説

　通常、支払がなければ源泉徴収義務は発生しませんが、その例外として、役員賞与及び配当については、支払が確定してから1年を経過した時点で支払ったとみなされ、この時に源泉徴収をしなければなりません。

　未払金等の中に、このような未払の役員賞与や配当がないかを確認しておく必要があります。なお、勘定科目内訳明細書の「買掛金（未払金・未払費用）の内訳書」には、これらの支払確定日等を記載する欄があります。

＜参考法令＞　所法181条2項、所法183条2項

〔支払ったとみなされる日（例）〕

　　支　払　の　確　定　日：平成31（2019）年5月24日

　　　　　　　　⇓

　　支払ったとみなされる日：平成32（2020）年5月25日

　　　　　　　　　　　　　＝源泉徴収をすべき日

　また、未払金等の相手先に個人の計上が多く、外注先や業務委託先等と想定されるような場合には、その支払が給与所得に該当しないか検討しておく必要があります（【事例2】（102頁）参照）。業種固有の雇用形態等により、労働力の人材確保を行っているような場合には、特に留意する必要があります。

Ⅳ　税務調査官の視点からみる調査時のポイント

貸借対照表 損益計算書	借　入　金 支払利息	勘 定 科 目 内訳明細書	借入金及び支払利子の内訳書

税務調査官の着眼点

・借入先に非居住者等はいないか。

解　説

　非居住者等からの借入金に対する支払利子は、その支払の際に、原則として非居住者等所得（貸付金の利子）に係る源泉徴収が必要となります。

　勘定科目内訳明細書の借入先やその所在地（住所）などを確認しておく必要があります。

＜参考法令＞　所法 161 条 1 項 10 号、212 条 1 項

貸借対照表	預り金	勘 定 科 目 内訳明細書	仮受金（前受金・預り金）の内訳書

税務調査官の着眼点

・計上されている預り金のうち、源泉所得税が未納となっているものはないか。

解　説

　源泉所得税預り金として計上されているもので、納付期限が経過している預り金（未納税額）はないか、常に確認しておく必要があります。

　併せて、源泉所得税預り金が他の勘定に振り替えられ、結果として納付されていないケースもありますので、この点も確認しておく必要があります。

〔源泉所得税の未納と滞納〕

　源泉所得税預り金勘定が多額の場合には、源泉徴収した税額が国に納付されていない、いわゆる未納の状態が発生していることが想定されます。

80

第3　法人税申告書等からみた視点

　　税務調査等においてもこの点は必ず確認され、未納となっている場合には、源泉所得税の「納税の告知（未納決定）」が行われ、この告知以降は、滞納処分（督促、差押、公売等）に移行することになります。

| 貸借対照表 | 資本金、利益剰余金 |

（税務調査官の着眼点）

・資本金や利益剰余金について、前期決算書等との間に異動はないか。

解　説

　　法人が、合併や分割、減資、自己株式の買取などを行った際に、みなし配当が発生する場合があります。このみなし配当は、源泉徴収の対象となる配当等に含まれます。

　　また、ストックオプション制度を導入している場合には、役員等が新株予約権等の権利行使をした際に、税制適格である場合を除き、給与等として源泉徴収をしなければならない場合もあります。

　　したがって、資本金や利益剰余金に異動があった場合には、このみなし配当課税や給与課税にも留意しておく必要があります。

〔みなし配当〕（概要）

　　法人の株主等が次の事由などにより金銭その他の交付を受けた場合において、その金銭の額とその他の資産の価額の合計額が、その法人の資本金等の額のうちその交付の基因となった株式又は出資に対応する部分の金額を超える時は、その超える部分の金額に係る金銭その他の資産は、剰余金の配当、利益の配当又は剰余金の分配とみなされて課税の対象となります。

・その法人の合併（法人課税信託に係る信託の併合を含み、適格合併

81

Ⅳ　税務調査官の視点からみる調査時のポイント

　を除きます。）
・その法人の分割型分割（適格分割型分割を除きます。）
・その法人の株式分配（適格株式分配を除きます。）
・その法人の資本の払戻し（資本剰余金の額の減少を伴う株式に係る
　剰余金の配当のうち、分割型分割によるもの及び株式分配以外のも
　の並びに出資等減少分配をいいます。）又はその法人の解散による
　残余財産の分配
・その法人の自己の株式又は出資の取得　　など

＜参考法令＞　所法 25 条 1 項、所令 61 条 1 項

損益計算書	人件費科目	勘定科目内訳明細書	役員報酬手当等及び人件費等の内訳書

税務調査官の着眼点

・前年と比べて大幅な増減はないか。また、支払額等からみて、納付事績
　は適正か。
・役員に対する退職給与の支給はないか。

解　説

　損益計算書の人件費に関する各科目や勘定科目内訳明細書の役員報酬手
当等及び人件費等の内訳書では、支払額以外の情報は分かりません。しか
しながら、税務調査官からすると、調査対象を選定する上での着目ポイン
ト及び調査における基本的な確認科目となります。

　特殊な雇用関係（派遣社員、出向社員、外国人労働者、臨時雇いなど）
がある場合は、源泉徴収義務や税額計算（税額表の適用、非居住者等所得
等）の観点から注目されます。〔【事例 3】（107 頁）参照〕

　また、海外に居住する役員や社員に対して、報酬等を支払った場合や、
海外から派遣された外国人社員（エクスパッツ）に対する給与課税につい
ては、一般の社員等（居住者）とは支給形態等（各種経済的利益の供与、

82

第3　法人税申告書等からみた視点

グロスアップ課税など）が異なる場合もありますので、特に注意が必要です。詳しくは、Ⅴの各事例を参照してください。

　役員等の退職給与が相当額計上されている場合には、税額が多額となるケースが多く、その計算に当たっては、勤続年数等慎重を期す必要があります。特に、役員勤続年数が5年以下の特定役員が受ける退職手当等については、一般の退職手当等とは税額計算方法が大きく異なります。計算誤りがあった場合は、多額の追徴税額が発生することにもなりますので、特に注意が必要です。

| 損益計算書 | 地代家賃 | 勘定科目内訳明細書 | 地代家賃等の内訳書 |

税務調査官の着眼点

・賃貸物件の貸主に、非居住者等はいないか。

解　説

　賃貸物件の貸主が非居住者等の場合には、その賃貸料を支払う際に、原則として非居住者等所得（不動産の賃貸料）に係る源泉徴収が必要です。海外への転勤者が所有している家屋を、借上社宅として利用することがありますが、この賃貸料について課税されていないケースが見受けられます。

　勘定科目内訳明細書の貸主やその所在地（住所）などを確認しておく必要があります。

＜参考法令＞　所法161条1項7号、212条1項

| 損益計算書 | 雑損失 | 勘定科目内訳明細書 | 雑益、雑損失等の内訳書 |

税務調査官の着眼点

・役員等に対する債務免除等はないか。

解　説

　役員や社員に対して、貸付金やその利息などの債務を免除した場合には、

83

Ⅳ　税務調査官の視点からみる調査時のポイント

その時に給与等の支払があったものとして、源泉徴収をしなければならない場合もあります。

＜参考法令＞　所基通181 ～ 223 共- 2

| 貸借対照表
損益計算書 | その他源泉所得税関連科目 |

税務調査官の着眼点

・源泉所得税の対象となる勘定科目について、多額に計上されていないか。

解　説

　税務調査官は、源泉徴収の対象となる支払科目に着目しています。次表に掲げる勘定科目は、貸借対照表や損益計算書などからは計上額しか把握できませんが、税務調査官はこれらの科目の計上額等にも注目しており、調査の際には優先度の高い確認科目となります。

　以下、これらの勘定科目及びそれに対する税務調査官の着目するポイントを簡記することとします。

区　分	勘定科目	税務調査官の着目ポイント
貸　借 対照表	建設仮勘定	・個人に支払ったデザイン料、設計料等はないか。
	各資産科目	・取得の際に支払った設計料、測量士や司法書士等への報酬はないか。
損　益 計算書	福利厚生費	・手当、現物給与等、給与課税されるものはないか。 〔事例 10 ～事例 16 参照〕
	旅費交通費	・定額で支給しているものはないか。 ・日当など、高額な支給はないか。 〔事例 6 ～事例 9 参照〕
	交際費	・定額で支給（いわゆる渡切交際費）しているものはないか。
	広告宣伝費	・原稿、写真、デザイン、著作権使用料などの支払はないか。 ・芸能人への支払はないか。

第3 法人税申告書等からみた視点

支払手数料	・弁護士や税理士等に対する支払はないか。 ・バーやキャバレーなどの業種におけるホステス報酬等の源泉徴収は適切に行われ、納付されているか。
外注費	・給与と外注費の区分は適切か。　　　　〔事例2参照〕 ・源泉所得税の報酬・料金等に該当するものはないか。
業務委託費	・外交員報酬等に該当しないか。
売　上	・社員等に対する取扱製品、商品等の値引販売はないか。 　　　　　　　　　　　　　　　　　　〔事例13参照〕

会社事業概況書（調査部所管法人）
法人事業概況説明書（税務署所管法人）

（税務調査官の着眼点）

・源泉所得税に関連する情報はないか。

解　説

　当期の営業成績の概要等を記載する欄に、源泉所得税に関する記事（例えば、「当期は退職者が大量に発生」など）があれば、税務調査官は、最新の情報として注目します。

　また、海外取引に関する情報は、必ず注目します。特に、非居住者等所得に着目した調査を行うこととしている場合には、重要な情報源となります。調査部所管法人用の会社事業概況書には、海外取引に関してかなり詳細な記載を求めていますので、有力な情報源となります。

 実務のポイントをつかむ

　本項では、「法人税申告書等からみた視点」をテーマに、税務署へ提出される申告書等について、源泉所得税の観点から、税務調査官の目を通して留意すべき事項をみてきました。

　法人税の場合、事業年度ごとに、税務署への申告に向けて、貸借対

85

照表や損益計算書などの決算書類の作成を経て申告書等の税務関係書類が作成されます。これらの決算業務を行う際に、併せて、本項で掲げたような源泉所得税に関する勘定科目等を見直すことにより、源泉徴収や納付漏れに対応することができるのではないかと考えます。

　源泉所得税は、「特定の所得を支払った時に納税義務が成立し、特別の手続をすることなく自動的に確定する」ものですので、つい源泉徴収に関する手続が後回しになり、結果として失念してしまう場合も想定されます。日常的なチェックはもちろん重要ですが、決算や法人税等の申告の際に併せて検討しておくことにより、税務調査官に目をつけられる項目が減じられることにもつながります。

第4　各種資料情報からの視点

第4　各種資料情報からの視点

　税務署には、様々な資料情報が集約されており、これらの情報は、調査
対象を絞り込む際の有力な武器となります。

┃1　マスコミ情報

　新聞や週刊誌などマスコミに報道される源泉所得税に関連する記事（例
えば、「役員報酬について有価証券報告書に虚偽記載」など）は、税務調
査官のみならず、国税庁でも注視しています。こうした内容は必然的に、
調査の要請が高まるからです。

　また、源泉所得税の課税漏れに関する報道があった場合には、「同様の
非違がないか」という観点から調査対象に目を向けることもあります。そ
の業種等に共通する課税上の問題点ともみられ、税務当局としても解明す
る必要があるからです。

〔脱税の手段・方法〕

・従業員に対する給料を支払手数料に仮装する方法で源泉所得税を徴
　収せず、これを納付していなかったもの

・従業員等から源泉所得税を徴収していたにもかかわらず、これを一
　切納付せず、海外のカジノ等のギャンブルで費消していたもの

〔出典〕国税庁「平成25年度　査察の概要」

┃2　扶養控除等の是正に関する資料情報

　給与等の支払者である源泉徴収義務者は、その年に給与等を支給した全
ての役員を含む社員等についての「給与支払報告書」（給与所得の源泉徴
収票と同時に作成する同様式のもの）を翌年の1月31日までに社員等受

87

給者の住所地の市区町村に提出しなければならないことになっています。

　提出を受けた市区町村では、住民税課税のため世帯ごとに名寄せを行い、その過程で、配偶者（特別）控除や扶養控除の所得要件などを満たさない扶養親族等が把握されます。市区町村では、これらの情報を基に住民税額の計算を行い、住民税の特別徴収義務者である社員等の勤務先に「住民税（変更）通知書」を送付することにより、住民税の特別徴収を行っています。

　社員等の扶養親族等に係るこれらの情報は、税務署でも把握しており、源泉徴収義務者に対する指導や調査に活用しています。信頼度が高い情報ですので、この情報量が多いほど、調査の優先度は高まるものと考えられます。

　年末調整における扶養控除の計算誤りの未然防止策や、誤っていた場合の是正方法等については、【事例4】（111頁）に詳しく解説していますので、参照してください。

▎3　法定調書（支払調書）

　法定調書とは、「所得税法」、「相続税法」、「租税特別措置法」及び「内国税の適正な課税の確保を図るための国外送金等に係る調書の提出等に関する法律」の規定により、税務署への提出が義務付けられている資料をいいます。

　提出すべき資料は、非常に幅広いものとなっていますが、その内容をみますと、源泉徴収の対象となる支払に関するものが多く含まれています。

　したがって、これらの法定調書は、源泉所得税の課税上も重要な資料情報となります。具体的には、提出された法定調書の内容と納付事績等を対比するなどして、問題点を探ります。法定調書合計表や支払調書の内容（源泉徴収税額など）が、納付事績に反映されていないといったケースもあるようです。

　また、非居住者等への支払に係る法定調書も数多くありますが、中でも「内国税の適正な課税の確保を図るための国外送金等に係る調書の提出等

に関する法律（第4条第1項）」に基づいて提出される「国外送金等調書」
は、非居住者等所得の調査の際には、重要な手がかりとなっています。な
ぜなら、同調書は、国外への送金及び国外からの送金を受領した金額が
100万円超である場合に、金融機関から税務署に提出されるものであり、
税務署ではこの情報により具体的な海外送金等を把握できるからです。

　調査においては、この国外送金等調書の内容について、源泉徴収の対象
となる非居住者等所得に該当するか否かの検討が行われることになりま
す。

源泉所得税に関連する主な法定調書

支払先等	法定調書の名称
居住者	給与所得の源泉徴収票
	退職所得の源泉徴収票
	公的年金等の源泉徴収票
	報酬、料金、契約金及び賞金の支払調書
	配当、剰余金の分配、金銭の分配及び基金利息の支払調書
	配当等とみなす金額に関する支払調書
非居住者等	非居住者等に支払われる人的役務提供事業の対価の支払調書
	非居住者等に支払われる不動産の使用料等の支払調書
	非居住者等に支払われる借入金の利子の支払調書
	非居住者等に支払われる工業所有権の使用料等の支払調書
	非居住者等に支払われる機械等の使用料の支払調書
	非居住者等に支払われる給与、報酬、年金及び賞金の支払調書
	非居住者等に支払われる不動産の譲受けの対価の支払調書
	国外送金等調書
	外国親会社等が国内の役員等に供与等をした経済的利益に関する調書

4 租税条約などに基づく情報交換制度

　租税条約などに基づく情報交換制度により、海外の税務当局から海外の法人に関する情報の提供を受けて、これらの情報が、源泉所得税に限らず、海外取引に係る調査に役立てられています。

　平成 30 年 10 月 1 日現在で、日本は 71 の二国間租税条約等（租税協定、情報交換協定、日台民間租税取決めが含まれます。）を締結・発効しています。さらに、租税に関する行政支援（情報交換・徴収共助・送達共助）を相互に行うための多国間条約である税務行政執行共助条約に日本も加わっており、この条約が発効している国は、日本を除いて 90 か国に及んでいます。

　国税庁は、これらの租税条約等の情報交換規定による共通報告基準（CRS：Common Reporting Standard）に基づく非居住者金融口座情報（CRS 情報）の自動的情報交換を開始しており、その初回交換において、日本の非居住者等に係る金融口座情報 89,672 件を 58 か国・地域に提供した一方、日本の非居住者に係る金融口座情報を 64 か国・地域から 550,705 件受領したことを公表しています（平成 30 年 10 月 31 日現在）。

　これらの方法により受領した金融口座資料等は、国外送金等調書のほか、既に保有している様々な情報と併せて分析・検討し、課税上の問題点を幅広く的確に把握するために、海外取引に係る各税目の調査等に活用することとしています。

5 他の調査等からの波及

　税務署では、過去の調査に関する情報や、他税目の調査、他の税務署の調査などから、源泉所得税に関する情報を集積しています。

　これらは、信頼性が高いと見込まれ、調査対象を選定する上での有力な情報となります。

（1）過去の調査事績

　税務署では、実地調査が終了すると、調査した内容や今後の調査等に参考となる事項などを詳細に記録し、保存しています。調査対象を選定する際には、これら過去の調査事績も十分な検討が行われます。

　例えば、過去の非違などがその後是正されているかどうか、といった観点から、非違の内容に対応する納付事績の確認や指導した内容が是正されているかなどの確認が行われます。

　このことは、裏を返せば、調査を受けた側においても、調査された内容（調査を受けた部署、提示した書類、指導を受けた事項等）を記録・保存しておくことにより、次回の調査を受ける際の参考になるものと考えます。

（2）国税局調査部の法人税調査

　原則として、資本金1億円以上の法人税の調査は、国税局の調査部が担当しますが、源泉所得税の調査権限はないことについては、既に説明したとおりです。

　しかし、調査部の法人税調査の過程で、源泉所得税の非違につながる事項が把握される場合があります。このような場合には、調査部からの情報連絡を受けて、税務署の源泉所得調査担当の部署が、しかるべき時期に、源泉所得税の調査に着手する場合もあります。

　なお、国税局調査部と税務署との連携により、事前に協議した上で調査当初から、あるいは調査の途中から、調査部の法人税調査と税務署の源泉所得税調査が同時期に行われるケースもあります。

（3）税務署の法人税調査

　税務署所管法人については、通常は、法人税の調査担当者が源泉所得税の調査も併せて行います（源泉同時調査）。

　しかし、調査の過程で、源泉所得税にかかわる固有の非違が類型的に把握され、追徴税額も多額に発生すると見込まれるような場合には、源泉所得税の調査担当者に引き継がれて、源泉所得税の調査（源泉単独調査）が行われる場合もあります。

（4）他の税務署の源泉所得税調査

　他の税務署が行った源泉所得税の調査で、業種特有の非違が把握されたような場合には、この情報を税務当局が共有し、同様の非違が想定される者を対象として調査に着手することもあります。

　また、他の税務署で把握された非違について、関連会社等にも同様の非違が見込まれるような場合には、その所轄税務署に調査内容等を連絡することにより、関連会社等を所轄する税務署の税務調査官による源泉所得税の調査が行われる場合もあります。

（5）法定監査

　税務署に提出すべき法定調書（88頁参照）の提出義務の履行を求め、税務署の特別国税調査官（開発調査担当）、個人課税部門（資料情報担当）では、法定監査を行っています。

　法定調書と源泉所得税は密接に関連しており、法定監査の過程で、源泉徴収漏れや納付漏れなどが把握される場合があります。このような場合に、法定監査の担当者からの情報連絡を受けて、源泉所得税の調査担当者が源泉所得税の調査を行う場合もあります。

　源泉所得税調査の運営と同様に、法定監査についても、広域運営により行われている地域があります。

第4　各種資料情報からの視点

COLUMN　調査対策は日常業務にあり

その4　「指導事項」を巡る誤解

　税務調査の結果、税務上の非違事項について、その対象金額が少額であることなどを理由として、今後の是正を条件に、当該調査においては追徴処理が見送られることがあります。

　このような場合、税務当局では、「指導事項」として記録し、次回以降の調査への引継ぎ資料として保存しています。この指導事項について、納税者側では、課税処理が認められたと受け取っている場合がまま見受けられます。

　次回の調査で、前回の指導事項に係る取引が多額となったにもかかわらず、納税者の課税処理が是正されておらず、課税上大きな問題に発展したケースもあります。

　調査終了時に税務調査官の結果説明を受ける際には、上記の指導事項に当たるのかどうかを十分確認するとともに、納税者側もこれらの経緯を記録して保存しておくことが大事ではないかと考えます。

93

V

税務調査における
指摘事例と留意事項

V　税務調査における指摘事例と留意事項

1　源泉徴収義務を負う者に関する事例

　源泉徴収による所得税は、給与や報酬・料金等、源泉徴収をすべきものとされている所得の支払の時に成立、確定（通則法15条2項2号、3項2号）し、これらの給与等を支払った者に源泉徴収義務が課せられています（所法6条）。

　さらに、給与等の支払者の源泉徴収すべき所得税の納税地は、その支払事務を取り扱う事務所等の所在地とされています（所法17条）。

　このことから、所得税の源泉徴収義務は、外形的に支払った者ではなく、より具体的な支払事務を取り扱う者に課せられていることになります。

　通常は、支払者イコール支払事務を取り扱う者ですが、昨今の決済手段の多様化や、企業等組織の複雑化などにより、これらが必ずしも一致せず、源泉徴収義務を巡る問題が生ずることとなります。

　ここではよくある事例として、【事例1】で会社などの福利厚生面の充実を目的とする親睦団体が所得税の源泉徴収をすべき支払をした場合の源泉徴収義務の問題を取り上げます。

1 源泉徴収義務を負う者に関する事例

| 事例 1 | 親睦団体の源泉徴収義務 |

事例の概要

　A 社には、社員の士気高揚と福利厚生の充実を目的とした慶弔金や見舞金、退職餞別金の支給等を主に行う親睦団体や、文芸、スポーツのクラブ等の組織体があります。

　これら団体の運営資金や業務等の執行の概要は以下のとおりです。

① 　運営資金は、毎年予算額の 80% を A 社が補助

② 　業務は、A 社側と社員側からそれぞれ半数ずつ選ばれた役員が執行

③ 　規約の改正、A 社が重要と認めた案件については、A 社の承諾が必要

④ 　これらの事務所は、A 社内の一室を利用

　このような親睦団体やクラブは、会社とは別の組織・団体と考え、これらが支払うものについて、A 社には源泉徴収義務は生じないと認識していました。

税務調査官の指摘事項

　親睦団体やクラブへの A 社からの補助金の支給や運営状況からみて、これらの団体は独立した組織ではなく会社の一部と認められるので、これらの団体が源泉徴収の対象となる所得を支払う場合には、A 社が源泉徴収を行う必要がある。

解説

　本事例のように、会社等が社員の士気高揚、勤務意欲の向上や福利厚生の充実を目的として、様々な親睦団体等を組織している場合があります。

　これらの団体が、事業活動に当たって、退職餞別金（退職所得）や技芸、

97

スポーツ、知識等の教授・指導料（報酬・料金等）など、源泉徴収の対象
となる所得を支払う場合があります。

このような場合には、その事業経費の相当部分を会社が負担しており、
かつ、次に掲げる事実のいずれか1つに該当するときは、原則として、こ
れら親睦団体の運営実態は会社にあるものとして、当該会社が源泉徴収義
務を負います。法人税におけるこれらの事業に係る収入及び支出は、その
全額が当該会社の収入及び支出の額に含まれることになります（所基通2
-8）。

（1）法人の役員又は社員で一定の資格を有する者が、その資格において
　　当然に当該団体の役員に選出されることとなっていること
（2）当該団体の事業計画又は事業の運営に関する重要案件の決定につい
　　て当該法人の許諾を要するなど、当該法人がその業務の運営に参画して
　　いること
（3）当該団体の事業に必要な施設の全部又は大部分を当該法人が提供し
　　ていること

Ａ DVICE 顧問先へのアドバイス

本事例は、よくあるケースであり、一般的には、運営主体が会社の場合
が多いと考えます。

なお、会社の一部としての組織体でない場合は、税法上、会社とは独立
した「人格のない社団等」に該当しますので、この場合にはこの社団等が
源泉徴収義務者となります。親睦団体等が人格のない社団等に該当しない
限り、その運営主体は会社にあると考えるのが一般的です。

親睦団体等を組織する場合には、事前にこれらのことを十分検討した上
で、源泉徴収義務が生じることを担当者に説明しておくとよいでしょう。

〔人格のない社団等に関する法令等〕

○ 所得税法第2条第1項第8号（人格のない社団等）

　法人でない社団又は財団で代表者又は管理人の定めがあるものをいう。

○ 所得税法第4条（人格のない社団等に対するこの法律の適用）

　人格のない社団等は、法人とみなして、この法律（別表第一を除く。）の規定を適用する。

○ 所得税基本通達2-5（法人でない社団の範囲）

　法第2条第1項第8号に規定する法人でない社団とは、多数の者が一定の目的を達成するために結合した団体のうち法人格を有しないもので、単なる個人の集合体でなく、団体としての組織を有し統一された意思の下にその構成員の個性を超越して活動を行うものをいい、次に掲げるようなものは、これに含まれない。

　（1）民法第667条《組合契約》の規定による組合

　（2）商法第535条《匿名組合契約》の規定による匿名組合

○ 所得税基本通達2-6（法人でない財団の範囲）

（省略）

○ 所得税基本通達2-7（法人でない社団又は財団の代表者又は管理人）

　法人でない社団又は財団について代表者又は管理人の定めがあるときは、その社団又は財団の定款、寄附行為、規則、規約等によって代表者又は管理人が定められている場合のほか、その社団又は財団の業務に係る契約を締結し、その金銭、物品等を管理するなどの業務を主宰する者が事実上あることをいうものとする。したがって、法人でない社団又は財団で代表者又は管理人の定めのないものは通常あり得ないことに留意する。

Ⅴ　税務調査における指摘事例と留意事項

2　給与等の該当性に関する事例（外注費など）

　会社等が個人の人的役務の提供に対してその報酬を支払う場合には、所得税の源泉徴収が必要なケースが少なからず発生します。

　その際には、最初に給与等（又は退職手当）に該当するかどうか、次いで源泉徴収の対象となる報酬・料金等かどうかを検討することになります。

　検討の入り口となる給与等については、「俸給、給料、賃金、歳費及び賞与並びにこれらの性質を有する給与」と定義されています（所法28条1項）。

　いわゆる正社員等に対するものであれば特段問題になることはありませんが、その支払が給与等となるかどうかは、条文に「これらの性質を有する給与」とありますので、支払の名目のみならず、働き方などの実質的な内容などから多角的に検討する必要があります。

　その判断結果は、報酬等を支払う者及び受給する者双方にとって、課税関係に大きく影響してくることになります。

　ここでは、【事例2】で、現実によく発生し、所得区分の判断誤りによって消費税も含めた課税関係に大きく影響するケースとして、支払う報酬が給与等か外注費（事業所得）のいずれに該当するかの区分の問題を取り上げます。

〔個人の人的役務の報酬の支払を検討する際、給与等の該当性を優先
する根拠〕

○　所得税基本通達30-1（退職手当等）

　退職手当等とは、本来退職しなかったとしたならば支払われなかっ
たもので、退職したことに基因して一時に支払われることとなった給
与をいう。したがって、退職に際し又は退職後に使用者等から支払わ
れる給与で、その支払金額の計算基準等からみて、他の引き続き勤務
している者に支払われる賞与等と同性質であるものは、退職手当等に
該当しないことに留意する。

○　所得税法第204条（報酬・料金等）

2　前項〔報酬・料金等の源泉徴収義務〕の規定は、次に掲げるもの
　について適用しない。

一　前項に規定する報酬若しくは料金、契約金又は賞金のうち……給
　与等（……）又は……退職手当等に該当するもの

（後略）

Ⅴ　税務調査における指摘事例と留意事項

事例2	**給与か外注費か** 〜給与所得か事業所得かの該当性〜

事例の概要

　建設業を営むＡ社は、各地の建設現場に従事する現地在住者を多数雇っています。これらの者に報酬として、毎月、ほぼ一定額を支払っています。

　仕事の内容は、土木建築に関する種々の作業ですが、従事する期間はこの工事が終了する比較的短期間に限られることもあり、Ａ社では、外注費として経理しました。

　なお、支払は銀行振込みであり、請求書、領収書等は特に作成されていません。

税務調査官の指摘事項

　報酬額は、毎月ほぼ一定額であることなどから、外注費ではなく、給与所得に該当するのではないかと考えられる。

　給与所得に該当する場合には、源泉徴収の必要がある。

解説

　建設現場などで従事する者に対して支払う報酬が給与に当たるのか、それとも外注費となるのか、判断に迷うケースがしばしばあります。

　以下、双方の課税関係等を確認しつつ、これらを区分する判断基準等について説明します。

1　給与所得と事業所得の違い

　支払う報酬が給与に当たる場合は、支払う会社等に、源泉徴収義務や社会保険料の納付義務（会社負担分も含みます。）が発生します。一方、外注費の場合、報酬を受ける者は、一般的には、事業所得として所得税の確

定申告をする必要があります。社会保険料の手続は本人が行うことになります。

　また、会社の消費税の計算では、給与の場合は不課税、外注費の場合は課税仕入れの対象になります。

　このように、支払う報酬が給与か、外注費かで、支払を行う会社及び支払を受ける個人の課税関係や社会保険料などの取扱いが大きく異なります。

2　給与所得（雇用）と事業所得（請負）の区分

　上記1に掲げたとおり、給与か外注費かで、報酬を支払う会社やそれを受ける個人の課税関係等は大きく異なります。

　したがって、いずれに該当するかの判断はきわめて重要となります。

　一般的には、給与は雇用契約に基づくものとされ、これに対して、外注費の場合、支払を受ける側には請負契約に基づく事業所得と説明されています。契約書などで両者の区別が明らかな場合は特に問題はないのですが、現実には、本事例のようなケースがしばしば発生します。

　両者の区別が明らかでない場合は、次のフローチャートを参考にして、報酬の決め方や支払い方、社会保険料の負担状況などを総合勘案して判断します。

　フローチャートの活用に当たっては、単に該当する項目数の多い少ないによるのではなく、時間的・場所的拘束など（後述する最高裁判例参照）も含めて、総合勘案して判断する必要があります。

　報酬が時間給や日給となっている場合や、残業手当、通勤手当が支給されている場合は、雇用に基づく給与所得と判定せざるを得ないと考えます。

103

V 税務調査における指摘事例と留意事項

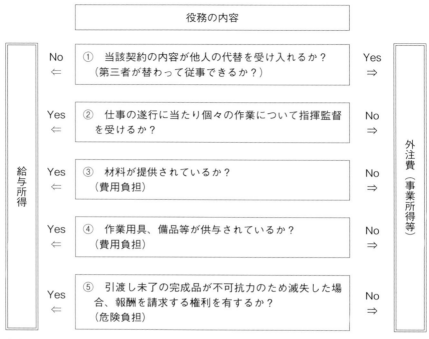

(注) 給与に該当しない場合であっても、所得税法第204条第1項に規定する報酬・料金等として源泉徴収の対象になる場合もあります。

ADVICE
顧問先へのアドバイス

　会社にとって、給与になるか、外注費になるかでは、源泉所得税の問題のみに止まらず、消費税の取扱いや事務負担、資金繰りなどにも大きく影響してきます。

　本事例のようなケースが想定される場合には、いずれに該当するか、取引が始まる前の早めの段階で検討しておく必要があります。

　その際には、次の判決要旨も参考にしてください。かなり前の判決要旨ですが、今でも給与所得か事業所得かの重要な判断基準となっています。

　従事内容が、外注費の支払に当たる役務であると判断した場合は、従事

させる際に、同意書などを取り交わし、その内容を説明しておくとともに、請求書を作成してもらい、それらを保存しておくなどにより、支払者、支払を受ける者双方の課税関係を確認しておくことが必要と考えます。

（参考）

「同意書」に記載する内容例

・仕事に使用する材料、工具等は従事者が負担する

・旅費交通費等は従事者が負担する

・従事者の所得税の確定申告

※　「解説」のフローチャートの項目を参考にしてください。

「請求書」に記載する内容例

・○月分工事代一式（消費税込み）

〔判決要旨（最判昭和 56 年 4 月 24 日民集 35 巻 3 号 672 頁）〕

事業所得→自己の計算と危険において独立して営まれ、営利性、有償性を有し、かつ反復継続して遂行する意思と社会的地位とが客観的に認められる業務から生ずる所得

給与所得→雇用契約又はこれに類する原因に基づき使用者の指揮命令に服して提供した労務の対価として使用者から受ける給付をいう。なお、給与所得については、とりわけ、給与支給者との関係において何らかの空間的、時間的な拘束を受け、継続的ないし断続的に労務又は役務の提供があり、その対価として支給されるものであるかどうかが重視されなければならない。

V 税務調査における指摘事例と留意事項

3 税額表の適用に関する事例

　毎月行う給与等の源泉徴収は、その支払方法（日給、月給、年俸など）や「扶養控除等申告書」の提出の有無により、源泉徴収税額の計算方法が大きく異なります。

　雇用が継続している正社員等については、これらの税額計算誤りはほとんどといってよいほどありませんが、臨時採用が頻繁に行われる場合や、雇用形態が特殊であるような場合には、税額表の適用誤りによる税額計算ミスが見受けられます。

　これらのミスは、年末調整でその誤謬が吸収されますが、年末調整が行われない者である場合には、そのまま見過ごされてしまいかねません。

　したがって、毎月の給与等の源泉徴収は、「扶養控除等申告書」の提出手続から始まって、それに応じた税額表を正しく適用して源泉徴収税額を算出する必要があります。

　ここでは、【事例3】で、パートやアルバイトなどの短期雇用者に対する税額表の適用などの問題を取り上げます。

106

3 税額表の適用に関する事例

| 事例3 | 短期雇用者に適用する税額表 |

事例の概要

　A社は、繁忙期にパートやアルバイトなどの短期就労者を多数雇用しています。就労期間は、3～6か月程度であり、毎月一定の時期に給与を支給しています。

　毎月の源泉徴収に当たっては、①短期雇用であること、②雇用者の入れ替えが頻繁にあることなどから、事務の煩雑さも考慮し、一律に月額表「甲」欄の「扶養親族等の数」が「0人」の欄を適用して、源泉徴収税額を計算しています。

税務調査官の指摘事項

　これらの短期雇用者について、扶養控除等申告書の提示を求めたところ、提出されていないことが確認された。

　したがって、税額表の「甲」欄を適用することはできず、「乙」欄で源泉徴収税額を計算する必要がある。

解説

　短期雇用者であっても、基本的には正社員と同様の方法で源泉徴収税額を計算します。ただし、雇用形態によっては、日額表の「丙」欄を使う場合もあります。

1　原則的取扱い

　一般の社員と同様に、給与の支払方法などに応じて定められている月額表か日額表を用いて、扶養控除等申告書の提出の有無により「甲」欄又は「乙」欄を使用して源泉徴収税額を求めます（所法185条）。

107

通常の場合、「甲」欄を適用したときに比べ、「乙」欄の方が、税額は高く算出されます。扶養控除等申告書の提出がないと、「甲」欄を適用することはできません。扶養控除等申告書は、その者の最初の給与を支払う時までに、提出を受ける必要があります。

（例）

給与月額が120,000円（社会保険料等控除後）の場合（平成30年分）

・甲欄→　源泉徴収税額　1,750円（扶養親族等の数「0人」）

・乙欄→　　　　〃　　　　　4,300円

　パート等の便宜を図って雇用した結果、隔日や半日のみの勤務となったり、あるいは短期間でやめていくケースがあります。このような場合であっても、雇用期間の定めがなく、給与を定期的（毎月など）に支払うこととしている限り、このような就労状況は税額表を適用する上では考慮されません。

2　日額表の「丙」欄を適用する場合

　給与計算の根拠が、勤務した日数又は時間によっている場合で、次のいずれかに該当する場合には、日額表の「丙」欄を適用します。

（1）雇用期間があらかじめ定められている場合には、その期間が2か月以内であること

（2）日々雇い入れている場合には、継続して2か月以内の支払であること

　したがって、短期雇用者に対して日給や時間給で支払う給与は、決められた雇用期間が2か月以内であれば、その期間は日額表の「丙」欄を適用します。

　日額表の「丙」欄の適用は、あくまでも当初の契約期間が2か月以内の場合に限られ、その後、雇用期間の延長や、再雇用により2か月を超える場合には、その超えた日からは、上記1の原則的取扱いの例により源泉徴収税額を求めることになります（所令309条、所基通185-8）。

　本事例では、就労期間が3〜6か月程度とのことですが、これらのパー

ト等短期雇用者からは扶養控除等申告書の提出を受けていないので、月額表の「甲」欄ではなく、「乙」欄を使用して、源泉徴収税額を求めることになります。

A DVICE
顧問先へのアドバイス

パートやアルバイトなどの短期雇用者については、扶養控除等申告書の提出は必要ない、と認識している会社等も散見されます。

短期雇用者であっても、また、扶養控除等申告書に記載する事項がない者であっても、この申告書が提出されていない限りは、税額の多い「乙」欄で税額を計算することになります。

扶養控除等申告書の提出の有無は、社員等への不利益にもつながりますので、提出の必要性について、必ず確認する必要があります。

加えて、この申告書は暦年ベースで、各年の最初の給与を支払う時までが提出期限となっていますので、この点も留意してください。前年に提出があるからといって、提出を省略することは認められません。

なお、パートやアルバイトの方は、勤務先が複数あるケースも多いようですが、扶養控除等申告書はいずれか1か所の勤務先にしか提出できませんので、提出を受ける際にはこの点も確認しておく必要があります。

Ⅴ 税務調査における指摘事例と留意事項

4 年末調整に関する事例

　給与等に対する源泉徴収は、中途退職者等一部の者を除き、年末調整という手続により、その年分の源泉徴収事務が完結することとなり、社員等の受給者にとっても、その年分の給与等の所得税額が確定することになります。

　源泉所得税調査において給与等の調査が行われる場合には、毎月の源泉徴収もさることながら、社員等の年末調整に関して、その手続や税額計算などについて、必ずといってよいほど税務調査官は着目しますし、しかも入念な確認が行われます。

　ここでは、年末調整に関して源泉所得税調査で指摘されることが多い事例として、【事例４】で不正な扶養控除等を、【事例５】で住宅ローン控除における借換え等を取り上げます。

110

4 年末調整に関する事例

事例4	年末調整（1）
	～扶養控除等申告書などの記載誤り～

事例の概要

　A社は、扶養控除等申告書の提出を受けた役員と社員の全員（年収2千万円超の者を除きます。）を対象に、年末調整を行っています。

　例年、12月の年末調整が終わった後に、扶養控除等申告書の記載内容の異動や誤りを申し出る者がおり、源泉徴収票を作成する翌年1月末までに年末調整の再調整を行っています。

　1月末に源泉徴収票を交付した段階で、当該年分の源泉徴収に関する一切の事務処理は完結したものと考えています。

税務調査官の指摘事項

　社員等から提出された扶養控除等各種申告書と市区町村からA社宛に送付された住民税変更通知書などにより、扶養控除の内容と適用額等を確認したところ、控除額が過大となっている者が数名把握された。

　正しい額で年末調整の再計算をしたところ、源泉徴収の不足税額が発生した。当初計算額との差額は、A社が源泉徴収して納付する必要がある。

解説

　扶養控除等申告書等の記載誤りなどによる源泉所得税の徴収不足額については、次の方法により是正することになります。

1　源泉徴収義務者のもとでの是正

　源泉徴収義務者である会社が社員等から提出を受けた扶養控除等申告書や配偶者控除等申告書などの記載事項に誤りがあったことにより生じた徴収不足税額があることを知った場合には、ただちにその不足税額を徴収し、

111

納付しなければなりません（所基通194〜198共-1）。この場合の徴収不足税額は、既に年末調整が終了している場合には、年末調整の再計算により計算した額と、当初の額との差額となります。

2　税務署による強制徴収

上記1の場合において、源泉徴収義務者である会社がこの徴収不足税額を社員等から徴収して納付していないときは、会社から徴収（強制徴収）することとなります（所基通194〜198共-2）。

つまり、社員等から提出された扶養控除等申告書等の記載誤りを原因とする源泉徴収不足税額については、原則として、給与の支払者である会社が責任をもって是正しなければならないということです。

本事例は、調査により、扶養控除等申告書に記載誤りが把握され、それに基づく源泉徴収の不足税額が生じたことになりますので、A社が追徴課税されることになります。

ただし、当該徴収不足税額が生じたことについて、会社に①過失がないと認められ、かつ、②この徴収不足税額を徴収して納付することができないことについて正当な事由があると認められる場合には、強いて追求しないこととされています。既に退職した社員で、その居所等を確認することが困難な状況にある場合などは、この「正当な事由」に当たるものと考えます。

なお、社員等から提出される扶養控除等申告書等に基づいて年末調整を行ったことによる徴収不足額につき、源泉徴収義務者としての責めに帰すべき事由がないと認められる場合には、通常は、この部分の追徴税額に対して不納付加算税は課されません（平12課法7-9）。

ADVICE
A 顧問先へのアドバイス

社員等から提出を受ける扶養控除等各種申告書は、これらの記載内容が正しいことを前提として、毎月の源泉徴収や年末調整が行われます。

上記解説に記述したように、これら申告書等に記載誤りがある場合には、会社がこれを正した上で、徴収不足税額を納付しなければならないことになっています。

したがって、年末調整事務が正しく行われるよう、事務担当者は、このことを十分に認識しておく必要があります。

以下、年末調整における記載誤りの未然防止や記載誤りを把握した場合の措置等について説明します。

（1）記載誤り等の未然防止

扶養控除等各種申告書は、所得者本人が記載するものです。記載する内容は、本人にしか分からない事項だからです。各種申告書等を配付して提出を求める際には、各種控除の適用要件や記載すべき家族の収入などは必ず確認して記載するよう周知徹底することにより、記載誤りの未然防止につながるのではないかと考えます。

特に、扶養控除や配偶者（特別）控除は、これら親族の所得金額次第で、控除額が大きく変わってくることも考えられますので、該当年分の12月末現在の所得金額等を確実に把握しておく必要があります。平成30年分からは、配偶者（特別）控除適用における所得者自身の所得金額も計算の要素に加わるなど、チェック項目が追加されていますので注意してください。

また、会社等が家族手当や配偶者手当等を支給している場合には、単に扶養控除額の是正に止まらず、これらの親族の所得金額の整合性が各種手当の支給額に影響する場合もあります。場合によっては、家族手当等について、遡って回収という事態が発生するなど、会社と社員の間でトラブルを生じかねません。

扶養控除等申告書等を正確に記載してもらう意味は、このようなところにもあるのではないかと考えます。

（2）記載誤りを把握した場合の措置

申告書等の記載誤り等を把握したケースごとに、それぞれの是正方法は

次のとおりとなります。

① 年末調整の終了後に、源泉徴収票の作成前までに把握した場合

原則として、年末調整の再計算を行いますが、所得者が確定申告を行うことにより精算することもできます（所基通190-5）。

② 源泉徴収票交付後に把握した場合

源泉徴収票が既に交付されていますので、一般的には、所得者本人が確定申告により精算することになります。

③ 住民税の特別徴収税額の（変更）通知書等により把握した場合

住民税については、家族分も含めて各市区町村に提出される「給与支払報告書」の情報により、扶養控除額等を適用して、その所得者の勤務先に対して「住民税の（変更）通知書」を送付することにより、住民税額の賦課決定と特別徴収が行われています。

この住民税額の（変更）通知内容により、会社は申告書等の記載誤りがあったことを知ることになりますので、この時に上記解説の**1**のとおり、徴収不足税額を納付する必要があります。

年末調整後に、所得控除等の異動があった場合には、上述したとおり、所得者自身の確定申告による精算も認められますが、還付申告となる場合に比べ、所得控除額が過大である場合などは、納税となるように是正する申告はなされていない場合が多い現状にあります。

税務署も、市区町村と同様の情報を保有しています。本事例のように、調査の際には、この点は必ず確認が行われ、是正されていない場合には、源泉所得税の追徴（強制徴収）が行われることになります。

会社が、年末調整の再調整を行わないこととしている場合には、社員等が確実に確定申告を行うよう指導しておくことが大切です。

4 年末調整に関する事例

事例5	年末調整（２） 〜住宅ローンを借り換えた場合等〜

以下、本事例では次の用語を使用します。
・住宅借入金等→住宅ローン
・（特定増改築等）住宅借入金等特別控除→住宅借入金等特別控除
・年末調整のための（特定増改築等）住宅借入金等特別控除証明書→
　住宅借入金等特別控除証明書
・給与所得者の（特定増改築等）住宅借入金等特別控除申告書→住宅
　借入金等特別控除申告書
・住宅取得資金に係る借入金の年末残高等証明書→借入金の年末残高
　等証明書

事例の概要

　A社では、年末調整で住宅借入金等特別控除を適用している社員が10
数名います。

　年末調整に際し、これらの社員から提出を受けた、税務署長が発行した
住宅借入金等特別控除証明書により、控除の要件等は満たされているもの
と認識し、半ば機械的に当該借入金残高の１％相当額を所得税額控除とし
て計算していました。

税務調査官の指摘事項

　年末調整における住宅借入金等特別控除の関係書類につき、前年分の書
類と比べて確認したところ、借入先の金融機関が変更になっていたり、借
入金等の残高の増減が多額である者が数名把握された。

115

住宅ローンを借り換えた場合などは、その控除額等について見直した上で計算する必要がある。

解説

給与所得者が住宅借入金等特別控除の適用を受ける場合には、最初の（居住を開始した）年分については、所得税の確定申告をして控除を受ける必要がありますが、その後の年分については、年末調整の際に控除が受けられることになっています（措法41条）。

具体的には、社員から提出された住宅借入金等特別控除申告書により、その内容をもとに控除額を確認することになります。この場合、次の書類の添付が必要とされています。

・社員等が居住している住所地の所轄税務署長が発行した「住宅借入金等特別控除証明書」

　　様式は、「住宅借入金等特別控除申告書」とセットになっており、初年度の確定申告を受けて、その後の適用年分（平成31年3月現在の制度では9年分）について、初年度申告した情報（家屋の取得対価等）が印字されたものが、初回の年末調整を行う前までに、本人宛に送付されます。年末調整に際しては、該当年分の同書類の提出を受けることになります。

・借入を行った金融機関等が発行した「借入金の年末残高等証明書」

　　なお、当該住宅ローンについて、借換えや繰上返済があった場合の税額控除の取扱いは、以下のとおりとなりますので、特に留意が必要です。

1　借換え

住宅の取得等に際し借り入れた住宅ローンを金利の低い住宅ローンに借り換えることは、ままあります。

住宅借入金等特別控除の対象となる住宅ローンは、住宅の新築、取得等のために直接必要な、いわゆるひも付きの借入金等でなければなりません。

したがって、住宅ローンの借換えによる新しい住宅ローンは、単にそれ

までの住宅ローンを消滅させるための新たな借入金ですので、原則として住宅借入金等特別控除の対象とはなりません。

　ただし、借換え後の借入金について、次の全ての要件を満たす場合には、引き続き住宅借入金等特別控除を受けることができます（措通41-16）。

（1）新しい住宅ローンが当初の住宅ローンの返済のためのものであることが明らかであること

（2）新しい住宅ローンが10年以上の償還期間であることなど住宅借入金等特別控除の対象となる要件に当てはまること

　この取扱いは、例えば、住宅の取得等の際に償還期間が10年未満の借入金（いわゆるつなぎ融資）を受け、その後に償還期間が10年以上となる住宅ローン等に借り換えた場合も同じです。なお、当然のことですが、住宅ローン等の借換えによって住宅借入金等特別控除を受けることができる年数が延長されることはありません。

　新たな住宅ローンが住宅借入金等特別控除の対象となる場合の住宅ローンの控除対象となる年末残高は次のとおりとなりますので、この金額を控除の対象となる住宅ローンの年末残高として、控除額を求めることになります。

（算式）

①　A ≧ B の場合

　　控除対象年末残高 =C

②　A<B の場合

　　控除対象年末残高 =C ×（A/B）

> A= 借換え直前における当初の住宅ローンの残高
> B= 借換えによる新たな住宅ローンの借入時の金額
> C= 借換えによる新たな住宅ローンの年末残高

2　繰上返済

　住宅ローンを繰上返済したとしても、繰上返済をした後の住宅ローンの年末残高により控除額の計算をすれば、一般的には問題ありません。

ただし、繰上返済をしたことにより、償還期間が 10 年未満となる場合には、その年分から住宅借入金等特別控除を受けることはできません。当初の償還期間が 10 年である限り、過去に遡ってこの特別控除が受けられなくなることはありません。

住宅借入金等特別控除の対象となる住宅ローンは、契約において償還期間が 10 年以上で割賦払の方法により返済することが要件になっているからです。

なお、ここでいう償還期間とは、ローン返済の残期間ではなく、最初の返済又は支払の時から返済又は支払が終了する時までの期間をいいます。

A DVICE
顧問先へのアドバイス

会社が行う年末調整は、本事例の住宅借入金等特別控除申告書に限らず、社員から提出を受ける各種申告書をベースに行うこととなります。

この事務を正しく行うには、会社の年末調整を担当する従事者の理解と、社員の年末調整の計算にかかわる様々な情報が入手できることがポイントとなります。

本事例の場合でいいますと、住宅借入金等特別控除を適用している社員から、借入金の借換えや繰上返済などの情報が入るよう、年末調整事務担当者を通じて一言アドバイスすることにより、このような間違いを防ぐことができるのではないかと考えます。

5　各種手当に関する事例

　一般的な給与（いわゆる基本給）のほかに、残業（超過勤務）手当、休日出勤手当、職務手当や家族手当、住宅手当なども、原則として給与所得となります。これらの各種手当は、雇用又はこれに類する原因に基づいて提供される労務の対価と考えられるからです。

　しかしながら、会社等が支給する手当等には様々なものがあり、中には実費弁償のような、給与所得者にとっては必ずしも利益とならないものもあります。

　このようなことを踏まえ、会社等が支給する手当等のうち、一定のものについては非課税などとして取り扱われ、源泉徴収の対象から除外されています。非課税の取扱いを受けるためには、それぞれ一定の要件が設定されており、それらの範囲内で支給するものに限り、源泉徴収の対象としなくともよいこととされています。

　ここでは、【事例6】で通勤手当を給与総額に含めて支給するケース、【事例7】で出張旅費を定額で支給するケース、【事例8】で単身赴任者に支給する帰宅旅費、【事例9】で外国人社員に支給するホームリーブ費用、【事例10】で特許法の改正を機に課税関係が明確化された社員等の職務発明に伴う対価の課税関係を取り上げます。

V　税務調査における指摘事例と留意事項

| 事例6 | 給与総額に含めて支給する通勤手当 |

事例の概要

　A社は、社員に対して、いわゆる基本給と残業手当などの合計額を、毎月一定の時期に支給しています。特に、通勤手当としては支給していません。

　A社は、毎月の源泉徴収の際、通勤手当は基本給の中に含まれていると認識し、通勤手当相当額（非課税額）を差し引いた額で源泉徴収税額の計算をしていました。

　例えば、社員Bについて、給与総額 300,000 円から非課税となる通勤手当相当額 20,000 円を差し引いた 280,000 円に対して、源泉徴収税額の計算をしていました。

税務調査官の指摘事項

　給与総額に含めて支給する通勤手当は、非課税扱いとはならない。

　したがって、社員Bの源泉徴収額の計算において、20,000 円を差し引くことはできず、給与総額 300,000 円で源泉徴収税額を計算する必要がある。

解説

　給与所得者に支給する通勤手当は、通勤手段や通勤距離などに応じて計算した合理的な運賃等の額の範囲内（1か月当たり最高限度額 150,000 円）であれば、課税されません。

　ただし、支給に当たっては、「通常の給与に加算して」支払われるものという条件が付いています。換言すれば、「通勤手当」として支給されるものに限り、非課税扱いとされるということです。

120

基本給などとは別に「通勤手当等」の名目で、通常の給与とは区分して支払うことが、非課税となるためのポイントです。

したがって、通常の給与に含めて通勤手当を支給している場合には、たとえ非課税となる通勤手当の限度内の額が含まれているとしても、非課税とはなりません。

消費税の計算においても、非課税となる通勤手当の額は、課税仕入れとなりますが、通常の給与に含めて支給すると、給与として取り扱われますので、不課税となります。

〔非課税所得〕

　給与所得を有する者で通勤するもの（以下「通勤者」という。）がその通勤に必要な交通機関の利用又は交通用具の使用のために支出する費用に充てるものとして通常の給与に加算して受ける通勤手当（これに類するものを含む。）のうち、一般の通勤者につき通常必要であると認められる部分として政令で定めるもの（所法9条1項5号）

本事例では、通勤手当として区分することなく、給与に含めて支給していますので、「通常の給与に加算して」には当てはまらず、給与総額300,000円について源泉徴収税額の計算をすることになります。

Ａ DVICE
顧問先へのアドバイス

社会保険料（厚生年金等）の計算における「標準報酬」の額には、所得税法上非課税となる通勤手当も含まれることから、通常の給与と区分せずに、給与として一括で経理しているケースもあるようです。

しかしながら、上述したように、「通常の給与に加算して」支給することにより、給与所得では非課税扱いとなり、消費税では課税仕入れの対象となるなど、課税上の問題は無視できませんので、このあたりの経理状況

を確認しておく必要があります。通勤定期券などの現物で支給する場合は、このような問題は発生しません。

加えて、通勤手当を支給する場合には、社員等の通勤経路に基づいた「合理的な運賃等の額」を計算した書類を作成、保存することにより、「通常の給与に加算して」支給したことが明確になります。

このほか、通勤手当の支給等に当たっては、以下の点についても留意してください。

特に、役員に対して支給、負担している事例が多いようです。

① グリーン料金

非課税となる通勤手当を計算する際の「合理的な運賃等の額」とは、通勤のための運賃、時間、距離等を勘案してもっとも経済的かつ合理的な通勤経路等による運賃又は料金の額をいいます。したがって、新幹線の特急料金は含まれますが、グリーン料金は含まれません。

② ハイヤー・タクシーの利用

電車等を利用した場合の定期乗車券の月額相当額を超える部分は、非課税とはなりませんので、給与所得として源泉徴収が必要となります。

5　各種手当に関する事例

事例7	定額で支給する出張旅費

事例の概要

　A社は、各地に工場を有していますが、時期的に人手不足となる場合があり、これを補うため、本社の社員を数か月間の予定で出張させています。

　長期間の出張であり、旅費等の計算も煩雑であることから、この期間の旅費について、月額100,000円支給しています。

　A社は、この100,000円について、非課税となる旅費であると認識しており、源泉徴収はしていませんでした。

　なお、A社は、旅費規程は特に定めてはいません。

税務調査官の指摘事項

　月額（定額）で支給されており、非課税となる出張旅費とは認められない。

　したがって、この100,000円は、社員に対する給与等となるので、源泉徴収が必要となる。

解説

1　出張旅費の意義

　一般に出張旅費とは、職務を遂行するために、本来の勤務地を離れて他の場所で仕事をする場合に生ずるもので、その間の運賃その他旅行に要する費用をいい、具体的には、交通費、運賃、宿泊費、日当などです。

　会社が負担するこれらの出張旅費は、受給する社員等にとっては確かに収入金額とはなりますが、その内容は勤務を行うための経費支出に相当す

123

るものであり、結果として、課税所得は発生しません。個人事業者であれ
ば、この出張旅費は必要経費となり収入から控除できるものですが、給与
所得の場合は一律の給与所得控除を差し引いて課税所得を算出する方法と
なっているため、原則として控除できません。このような不均衡を避ける
ため、給与所得者が会社から受ける出張旅費については、相当な金額に限
り非課税とすることにより、課税の対象から除外することとしています。

2 非課税となる出張旅費

　社員等に対し支給する出張旅費については、上述したように、実費弁償
的な側面もあることから、旅行の目的、目的地、行路や期間の長短、宿泊
の要否、社員等の職務内容、地位などからみて、「通常必要」なものは、
非課税として取り扱われています（所法9条1項4号）。「通常必要」な金
額を超えて支給される部分は、給与等として源泉徴収が必要です。

　したがって、通常必要かどうかの判断が重要となり、具体的には、次に
掲げる事項を勘案して判定することになります（所基通9-3）。

① 　会社の役員、社員の全てを通じて適正なバランスが保たれている基準
　　によって計算されたものであるかどうか。

② 　同業種、同規模の他社との水準に照らして相当と認められるかどうか。

　このような考え方からみますと、必ずしも実費弁償部分に限って非課税
とするということまでは求められてはいません。実務的にも、個々の旅行
全てについて精算を求めることは、現実的ではありません。特に、旅行に
必要な食事その他雑費などに充てられる日当部分はなおさらのことです。
このようなことを考慮した上で、さらに上記①と②の事項を勘案して、通
常必要かどうかを判定することとしたものと考えられます。

　したがって、日当についてもこの基準の範囲内であれば、たとえ剰余金
が生じたとしても課税されることはありません。

　なお、出張旅費について、通常必要と認められる部分の金額は、消費税
の計算上、日当も含め課税仕入れに係る支払対価となります（消基通11-
2-1）。

3　年額、月額で支給する出張旅費

　職務を遂行するために支給される出張旅費であっても、旅行の行程等とは関係なく年額又は月額などで支給されるものは、支給される名目いかんにかかわらず、旅費ではなく一種の手当と考えられますので、給与等として源泉徴収をしなければなりません。こうした支給は、通常必要かどうかの判断ができないからです。

　ただし、このような場合であっても、職務を遂行するための旅行であることが明らかな場合には、上記2の基準に該当する限り、非課税として取り扱われます（所基通28-3）。

　この場合、乗車券等、旅行の実績が明らかな書類等を保存しておく必要があります。

Ａ DVICE
顧問先へのアドバイス

　会社にとっては、業務のための出張旅費は少なからず発生するものであり、経常的なコストでもあります。一方で、その支給額や支給方法等いかんでは、給与所得として課税対象となる可能性も含んでいます。受給する社員等にとっては、旅費として支給されたものに課税されたのではたまりません。これらの問題を解消するために、以下の措置を講じておく必要があると考えます。

① 　出張旅費規程の制定

　交通費、宿泊費、日当の額等を骨格とする出張旅費規程を制定し、社内に知らしめておくことにより、上記2①に示したバランスの条件をクリアすることができます。

　なお、バランスとは、全員一律ということではなく、役職等による合理的な格差であれば、問題はありません。

　役員への支給額が異常に高額ということで、役員に対する給与課税に至ったというケースもあるようです。

125

もう1つの条件は、支給額について他社との水準に照らしてどうかということですが、一般の会社では、この額を導き出すことは困難ではないかと考えます。交通費、宿泊費は、実費相当額を斟酌することで特に問題はありませんが、旅行等の雑費に備える日当については、いくらにすべきか悩むところです。想定される実費相当額に加え、税理士の有する経験と情報を併せて検討することにより、支給する額がよほど高額とならない限り、課税されないものと考えます。

② 出張事績の記録と保存

いうまでもなく、出張旅費は、出張という事実があった場合に支給されるものです。したがって、出張に関して、出張命令から出張が終了するまでの事績について、記録・保存しておくことが求められます。この場合、支給額が実費相当額としているものについては、その領収書等も併せて保存しておく必要があります。

5 各種手当に関する事例

| 事例8 | 単身赴任者等の帰宅旅費 |

事例の概要

　A社は、全国各地に支店を有しており、業務の必要上、遠隔地の支店
への転勤命令も頻繁に行われます。

　これら転勤した支店の社員が、本社で開催する会議への出席に際し、併
せて自宅等へ帰宅する場合には、帰宅に係る分も含めて出張旅費（旅費、
日当、宿泊費）を支給しています。

　会議に付随した数日程度の帰宅であり、会社の旅費規程に基づいて支給
していることから、支給した全員について非課税と考え、源泉徴収はして
いません。

税務調査官の指摘事項

　独身者等に支給した出張旅費のうち、実家への帰宅部分に係る日当等は
非課税とはならないので、給与等として源泉徴収が必要となる。

解説

　本事例のように、本社会議への出席という業務上の旅行と、併せて留守
宅への帰宅という私的な部分の旅行が含まれているような場合には、本来
ならば、会社が負担した旅費総額を旅行期間等に按分して、帰宅部分は給
与として課税すべきではないか、と考えられます。

　しかしながら、社員は、配偶者又は扶養親族がありながら、会社の転勤
命令により単身で赴任したという事情や、一方で、往復の交通費は帰宅が
加わったとしても増額部分はほとんどないと見込まれることを考慮して、
次のいずれにも該当する場合には、それらの旅行費用は、留守宅への帰宅

127

部分も含めて非課税として取り扱われます（昭60直法6-7）。

（1）旅行する社員は、単身赴任者であること

　単身赴任者とは、配偶者又は扶養親族を有し、転居を伴う異動につき単身で赴任した者をいいます。したがって、配偶者等がいない独身者が単に実家へ帰宅するような場合は、この要件には当てはまりません。

　また、配偶者等と一緒に赴任している場合は、当然のことながら、単身赴任とはなりません。

（2）職務遂行上必要な旅行に付随して行われるものであること

　旅行の目的、行路等からみて、これらの旅行が主として会議など会社業務の遂行上必要な旅行であることが必要です。帰宅そのものが目的で、儀礼的に会社に立ち寄っただけのような場合には、この非課税規定は適用されません。

（3）旅費の額が適正であること

　その旅費の額は、非課税とされる旅費の範囲を著しく逸脱しない限り、（1）と（2）の要件が満たされれば、非課税として取り扱われます（所基通9-3、【事例7】（123頁）参照）。

〔非課税と認められる具体的なケース〕

　職務を行う前後併せて2日以内拘束しない日（帰宅日）があったとしても、「職務遂行上必要な旅行」と認め、帰宅日の日当、宿泊費についても非課税として取り扱われます。

原則（5泊6日）	週末を挟んだ場合（4泊5日）
月曜日：旅行日 火曜日：（帰宅日） 水曜日：出社（職務） 木曜日：出社（職務） 金曜日：（帰宅日） 土曜日：旅行日	金曜日：旅行日 土曜日：（帰宅日） 日曜日：（帰宅日） 月曜日：出社（職務） 火曜日：旅行日

（注）休日を挟んだ場合も、この取扱いに準じます。

本事例は、独身者が実家へ帰宅したケースのようですので、上記（1）の要件を満たしていません。したがって、帰宅した部分に係る日当や宿泊費等については、当該社員の給与所得となりますので、源泉徴収が必要となります。

なお、この場合の旅費についての課税はどのように判断すればよいかですが、本事例でいいますと、会議に出席するための本社までの往復旅費は、業務の遂行上必要なものとして、適正な額に限り非課税と考えてよいものと考えます。

A DVICE 顧問先へのアドバイス

単身赴任者の帰宅旅費が非課税となるには、上記解説のとおり、①単身赴任者であること、②会社業務に付随するものであること、③適正な額であることが要件となっています。単身赴任者に配慮した取扱いですので、その趣旨を逸脱しないよう、次の事項に留意する必要があります。

（1）この取扱いの対象となるのは、単身赴任者が会議等のための職務遂行上の必要に基づく旅行を行い、これに付随して帰宅する場合に支払われる旅行に限られること

解説にも記載しましたが、帰宅が主であるとして否認されたケースもあるようです。会議への出席などを示す資料等を保存しておくことが必要です。

（2）この取扱いは、その性質上、月1回などの定量的な基準で非課税の取扱いをするということには馴染まないものであること

年何回まで認められるか、という問題ですが、特に回数までは明記はされていませんが、本取扱いの趣旨からみますと、そう頻繁に非課税の取扱いが認められるべきものではないと考えられます。

趣旨を同じくする外国人社員のホームリーブ費用の非課税の取扱いは、年1回程度（【事例9】（132頁）参照）となっており、1つの目安

になるのではないかと考えます。

（3）帰宅のための旅行は、職務出張に付随するものであることから、その期間や帰宅する地域等は、自ずから制約があること

　会社の転勤命令により、単身赴任を余儀なくされたことに配慮した取扱いですので、通勤可能な者が自らの判断で単身赴任したような場合にまで、非課税として取り扱われるものではありません。

5　各種手当に関する事例

COLUMN　調査対策は日常業務にあり🔍

その5 「是認」と「否認」

　本事例の顧問先へのアドバイスのところで、「否認」という言葉が出てきました。

　税務調査の現場では、この言葉は頻繁に出てきます。税務当局では「是認した」、「否認した」といい、調査を受けた側では「是認された」、「否認された」というように用いられます。

　調査項目に対して、納税者の課税処理が認められ、追徴税額が発生しない場合は「是認された」、問題があって結果的に追徴課税に至った場合は「否認された」ということになります。これらの用語の用い方は、あくまでも調査を行う税務当局からみたものであり、納税者が「是認した」、「否認した」ということではありません。

　全調査項目について是認された場合には、税務署長は、調査終了後「更正決定等をすべきと認められない旨の通知書」（法定様式）を送付することとされています。この様式が制定される以前は、法人税の場合、法定ではありませんでしたが「是認通知書」という様式が使用されていました。

131

Ⅴ　税務調査における指摘事例と留意事項

| 事例9 | 外国人社員のホームリーブ費用 |

事例の概要

　海外に親会社がある外資系企業であるA社は、外国人社員を多数雇用しています。

　外国人社員を対象に、就業規則により、年1回程度を目安に、これらの者が母国へ帰国する費用について、全額A社が負担することとしています。

　外国人社員全員を対象としており、就業規則に基づいて年1回の負担であることから、非課税になると考え、源泉徴収はしていません。

税務調査官の指摘事項

　外国人社員について、履歴書等により確認したところ、日本で採用した者が数人把握された。これらの者に対して、A社が負担したホームリーブ費用は、非課税として取り扱うことはできないので、源泉徴収の必要がある。

解説

　外国人社員の母国等への帰国費用は、本来は私的な費用ですので、この費用を会社が負担している場合には、外国人社員の給与と考えるのが一般的です。

　しかしながら、国内に勤務する外国人の諸事情、特殊性などを考慮し、国内に勤務する外国人に対して、休暇帰国（ホームリーブ）のための旅費を支給する場合には、一定の要件のもとに、出張旅費等の取扱いに準じて非課税とされています（昭50直法6-1）。

132

1　非課税とする趣旨

　本国を離れ、気候、風土、社会慣習等の異なる国において勤務する者について、使用者が、その者に対し休暇帰国を認め、その帰国のための旅行の費用を負担することとしている場合がありますが、その休暇帰国はその者の労働環境の特殊性に対する配慮に基づくものであることに鑑み、使用者がその旅行の費用に充てるものとして支給する金品については、強いて課税しないこととするのが相当と認められます。

2　非課税の要件等

（1）国内において長期間引き続き勤務する外国人に対するものであること

（2）就業規則等に定めるところにより相当の勤務期間（おおむね1年以上の期間）を経過するごとに認められた休暇のための帰国であること

（3）その帰国のための旅行に必要な支出に充てるものとして支給する金品であること

　　この場合、その者と生計を一にする配偶者その他の親族に係るものも含みます。

（4）（3）の金品について非課税とされる額は、国内とその旅行の目的とする国（帰国先）との往復に要する運賃で、その旅行に係る運賃、時間、距離等の事情に照らし、もっとも経済的かつ合理的と認められる通常の旅行の経路及び方法によるものに相当する部分に限ります。これは、非課税となる出張旅費（【事例7】（123頁）参照）と同様の考え方です。

　　帰国先は、原則として、社員又はその配偶者の国籍又は市民権の属する国、いわゆる本国をいい、往復に要する運賃には、航空機等の乗継地においてやむを得ない事情で宿泊した場合の宿泊費を含みます。

3　非課税の対象となる外国人社員

　この非課税の取扱いは、外国人社員であれば誰でもが適用されるということではありません。

　上記1の趣旨に掲げた「本国を離れ」や、2の要件等の1つである「長

期間引き続き勤務する外国人」などの文言からすると、海外の親会社等からの職務命令等による出向や転勤により来日し、日本に一時的に赴任してきている者が対象になると考えます。したがって、日本の企業が直接国内で採用し、社員の自由意思で雇用契約をしているような者は、外国人であったとしてもこの非課税の対象とはなりません。

Ａ DVICE 顧問先へのアドバイス

　ホームリーブ費用の非課税の取扱いは、上述したように、外国人であれば誰にでも適用されるものではありません。

　本取扱いは、国税庁の法令解釈通達（昭50直法6-1）に基づくものですが、同通達にはこのような外国人に関する直接的な文言は使用されていませんので、解釈上も間違いが起こりやすく、現実にも本事例のように、税務調査官に指摘されるケースが多いようです。

　特に、外国人社員を多く雇用している会社は、上記非課税の趣旨等を十分に踏まえ、就業規則等を整備しておく必要があると考えます。

5 各種手当に関する事例

| 事例 10 | 職務発明に係る報償金等 |

事例の概要

A 社は、製造業を営んでおり、日常の業務を通じた製品開発や品質の改善などの分野は、会社にとってきわめて重要な業務です。これらの業務の過程で、特許権の取得に至るケースも少なからずあります。

このようなことから、A 社では、発明者である社員（複数の場合もあります。）に相当の報酬を支給する一方で、この職務発明に係る特許を受ける権利は A 社に帰属する旨の社内の勤務規則を定め、これに基づいて運用しています。

社員へ支給するこの「相当の報酬」は、給与所得でないと認識し、源泉徴収はしていません。

税務調査官の指摘事項

A 社が支給する職務発明に伴う報償金等は、勤務時間中の職務の中で行われたことに対する報酬なので、給与等として源泉徴収が必要となる。

解説

結論を先にいいますと、A 社は職務発明に係る特許等を受ける権利に関して下記 2 の「使用者原始帰属制度」を採用しており、会社が社員等に支給するものについては、雇用契約ではなく発明者としての地位に基づく支給であることから、社員等の給与所得には当たりませんので、給与等としての源泉徴収の必要はありません。

したがって、税務調査官に勤務規則を提示するなどして、A 社の職務発明に係る制度について理解を得ることが必要です。

135

以下、社員が受ける報酬等の所得税の取扱いは、発明等に係る特許を受ける権利の態様によって、以下のとおりです（所基通23～35共-1）。

1　発明者帰属制度のもとで支給する場合

下記**2**を適用していない場合には、社員等が行った職務発明に伴う「特許を受ける権利」は、一義的には発明者である社員に帰属します。この権利を会社が承継したことにより、社員が受ける所得の取扱いは、次のとおりです。

（1）権利の承継に際し一時に支給されるものは譲渡所得

（2）権利を承継した後において支給されるものは雑所得

2　使用者原始帰属制度のもとで支給する場合

職務発明に伴う「特許を受ける権利」について、発生時から会社に帰属することを選択できるようにした「使用者原始帰属制度」が平成27年の特許法の改正（平成28年4月1日から施行）により導入されました。

この制度を活用する場合には、会社はあらかじめその旨を契約や勤務規則等により定めておく必要があり、会社が特許を受ける権利を取得したときは、発明者である社員等は、会社から相当の利益を受ける権利を有することとされています。

この相当の利益を受ける権利に基づいて支給されるものは、社員等の雑所得となりますので、源泉徴収の必要はありません。特許を受ける権利は、当初から会社に帰属することになりますので、上記**1**の譲渡所得という概念はありません。

相当の利益については、金銭以外に次のようなものも含まれます（特許法第35条第6項の指針（ガイドライン））。

・会社負担による留学の機会の付与

・ストックオプションの付与

・金銭的処遇の向上を伴う昇進又は昇格

・法令や就業規則で定められた日数・期間を超える有給休暇の付与

・職務発明に係る特許権等についての専用実施権の設定又は通常実施権

の許諾

3 社員等が取得した特許権等について権利を設定したことにより支給する場合

社員等が取得した特許権等について権利を設定したことにより支給されるものは、雑所得となります。

この場合の特許権等の使用料は、源泉徴収の対象となる報酬・料金に該当しますので、支給する際に10.21％（1回に支払う金額が100万円を超える場合には、その超える部分については、20.42％）の源泉徴収が必要です。

（参考）特許等を受けるまでには至らない発明や工夫に対して報償金等を支給する場合

社内提案制度等において、事務や作業の合理化、製品の品質の改善や経費の節約等に寄与する工夫、考案等をした人に対して報償金等が支給される場合には、次のように取り扱われます。

その工夫、考案等がその人の

（1）通常の職務の範囲内である場合には給与所得

（2）通常の職務の範囲外である場合で、一時に支給されるものは一時所得

（3）通常の職務の範囲外である場合で、その工夫、考案等の実施後の成績等に応じ継続的に支給されるものは雑所得

Aᴅᴠɪᴄᴇ 顧問先へのアドバイス

上述したように、特許法の改正により、使用者原始帰属制度が導入され、それまでの「特許を受ける権利」をめぐる会社と発明者である社員等との権利の帰属や報酬などの諸問題がある程度整理されたのではないかと考えます。

ただし、会社がこの制度を導入する場合には、勤務規則等を制定するな

どの一定の手続が必要となりますので、上記課税上の取扱いも含めて、事前に十分検討する必要があります。

また、これらを受給することとなる社員等は、所得金額で20万円を超える場合には、所得税の確定申告義務が生じますので、このことについても、該当する社員等には、十分に説明をしておく必要があります。

特許法第35条（職務発明）

1　使用者、法人、国又は地方公共団体（以下「使用者等」という。）は、従業者、法人の役員、国家公務員又は地方公務員（以下「従業者等」という。）がその性質上当該使用者等の業務範囲に属し、かつ、その発明をするに至った行為がその使用者等における従業者等の現在又は過去の職務に属する発明（以下「職務発明」という。）について特許を受けたとき、又は職務発明について特許を受ける権利を承継した者がその発明について特許を受けたときは、その特許権について通常実施権を有する。

2　従業者等がした発明については、その発明が職務発明である場合を除き、あらかじめ、使用者等に特許を受ける権利を取得させ、使用者等に特許権を承継させ、又は使用者等のため仮専用実施権若しくは専用実施権を設定することを定めた契約、勤務規則その他の定めの条項は、無効とする。

3　従業者等がした職務発明については、契約、勤務規則その他の定めにおいてあらかじめ使用者等に特許を受ける権利を取得させることを定めたときは、その特許を受ける権利は、その発生した時から当該使用者等に帰属する。

4　従業者等は、契約、勤務規則その他の定めにより職務発明について使用者等に特許を受ける権利を取得させ、使用者等に特許権を承継させ、若しくは使用者等のため専用実施権を設定したとき、又は契約、勤務規則その他の定めにより職務発明について使用者等のた

5　各種手当に関する事例

め仮専用実施権を設定した場合において、第34条の2第2項の規定により専用実施権が設定されたものとみなされたときは、相当の金銭その他の経済上の利益（次項及び第7項において「相当の利益」という。）を受ける権利を有する。

（以下省略）

Ⅴ　税務調査における指摘事例と留意事項

6　現物給与に関する事例

　金銭のほかに物や権利などの現物で支給される、いわゆる現物給与も原則として給与所得となり、金銭に換算した額が源泉徴収の対象となります。

　これらの現物給与は、金銭支給とは異なり、①職務の性質上欠くことのできないもので主として会社等の業務遂行上の必要から支給するもの、②換金性に欠けるもの、③その評価が困難なもの、④受給者に物品などの選択の余地がないものなどの側面があるため、特定の現物給与については、一定の要件のもとに課税されないなど、金銭で支払う給与とは異なった取扱いが定められています。

　現物給与として課税されるかどうかのキーワードは、①金銭と同視し得る換金性のある金券などの支給ではないか、②役員や特定の社員のみを支給の対象としていないか、③世間一般からみて支給することや金額の多寡に問題はないか、の3点です。金銭以外の現物等を支給する際には、これらの観点からの検討が必要です。

　ここでは、一般的な現物給与について、源泉所得税調査における指摘事例が多いと思われる事例を抽出しました。【事例11】で永年勤続者に旅行券を支給するケース、【事例12】で創業記念として商品券を支給するケース、【事例13】で棚卸資産である住宅を値引販売するケース、【事例14】で福利厚生の一環として人間ドックの受診費用を負担するケース、【事例15】で食事を支給する場合の非課税限度額、【事例16】で民間アパート等の家賃負担の各事例を取り上げます。

6 現物給与に関する事例

事例 11 | 永年勤続者表彰として支給する旅行券

事例の概要

　A社は、社員の永年勤続の労苦に報いるために、勤続年数が節目を迎えた者に対し、表彰と併せて記念品等を贈ることとしています。

　本年度は、最後の表彰となる勤続年数が30年となる社員について、20万円の旅行券を支給しました。

　社員が実際に旅行をした事実を示す資料等の保存はありませんが、勤続年数30年の社員に対するものであり、金額的にも相当と考え、所得税の源泉徴収はしていません。

税務調査官の指摘事項

　旅行券は換金性があり、金銭を支給したのと同様と考えられるので、給与等として源泉徴収が必要となる。

解説

　永年勤続者に対する表彰は、各企業等で一般的に行われている行事であり、その際に記念品等を支給することなども慣例になっています。

　社員が、このような記念品等を受けることによる利益については、永年勤務してきた労苦に報いるものであること、また、世間一般に行われている一種の儀礼的な面も否定できないことから、このようなものに一律に課税することは、適当ではありません。

1　永年勤続者に支給する記念品や旅行費用等

　上記のような永年表彰の属性を考慮し、次に掲げる全ての要件が満たされれば、給与等として課税しないこととされています（所基通36-21）。

141

（1）　その人の勤続年数や地位などに照らして、社会一般的にみて相当と認められる金額以内であること

（2）　勤続年数がおおむね10年以上である人を対象としていること

（3）　同じ人を2回以上表彰する場合には、前に表彰したときから、おおむね5年以上の間隔があいていること

2　永年勤続者に対する旅行券

本事例のように、旅行先等について、永年勤続表彰を受ける社員等のニーズに少しでも応えようとの趣旨で、旅行券を支給する場合があります。

旅行券は、一般的に有効期限もなく、換金性もあり、その支給は実質的に金銭を支給したのと同じと考えられ、原則として給与等として課税されます。

ただし、この旅行券を使用して行う旅行について、次の要件を満たしている場合に限り、金銭ではなく旅行費用という現物を支給したものと考え、課税しなくて差し支えないこととされています（昭60直法6-4）。

（1）　旅行は、旅行券の支給後1年以内に行われること

（2）　旅行の範囲は、支給した旅行券の額からみて相当なもの（海外旅行を含みます。）であること

（3）　旅行券を使用して旅行をした場合には、会社が適宜作成した報告書に、旅行した社員の所属・氏名・旅行日・旅行先・旅行会社等への支払額などの必要事項を記載し、これに旅行先等を確認できる領収書等を添付して会社に提出すること

（4）　旅行券の支給後1年以内に旅行券の全部又は一部を使用しなかった場合には、その旅行券は会社に返還すること

Ａ DVICE 顧問先へのアドバイス

社員の永年表彰に係る旅行券の支給は、上記1の要件を満たしている場合で、2の（1）から（4）に該当する場合に限り、課税されないものと

して取り扱われます。

したがって、課税されないためには、事前にこれらの措置を確実に講じておくことが必要となります。

2の（2）について補足しますと、会社としては、永年表彰の旅行として相当なものを支給しているものと考えられますので、旅行の範囲等は、自ずとその旅行券の額の範囲を逸脱しないことが求められます。例えば、総額100万円の豪華旅行の場合、会社で支給する旅行券が20万円だからといって、非課税とはなりません。永年勤続者表彰を目的とした表彰金品ではなく、社員の私的な旅行に対する補助と考えざるをえず、このような場合には給与等として課税しなければなりません。旅行の内容が、永年勤続者の表彰として、ふさわしいかどうかの検討が必要となります。

また、永年勤続記念品等について、社員が自由に選択できるような場合、例えば、各種物品、旅行、観劇などから好きなものを選べるようなケースでは、金銭を支給してこれらのものを購入したと同様の効果をもたらすことになります。このような場合には、上述した要件を満たすとしても、金銭で支給したものとして、源泉徴収が必要となる場合もあります。

Ⅴ 税務調査における指摘事例と留意事項

事例 12 創業記念として支給した商品券

事例の概要

　A 社は、創業 50 周年を迎え、取引先等を招待しての記念パーティーなどのイベントを企画しました。その際、在籍する役員及び社員の全員に対し、一律 1 万円の商品券を支給しました。

　金額的にも 1 万円相当と少額であり、課税上の問題は生じないと考えて源泉徴収はしていませんでした。

税務調査官の指摘事項

　商品券の支給は、金銭で支給したのと同じと考えられる。したがって、創業記念であったとしても、社員等に商品券を支給した際には、給与等として源泉徴収をする必要がある。

解説

　創業○周年等の節目を記念して、様々なイベントを企画し、その際に社員等に対し記念品等を支給することは、一般的に行われていることです。ただし、この記念品等の支給について無制限に認めると、給与や賞与などを支給したのと同様の効果をもたらす場合もありますので、次の要件に該当するかどうかで課税の判定をすることとされています（所基通 36-22、平元直法 6 - 1）。

（1）支給する記念品が社会通念上記念品としてふさわしいものであり、かつ、その価額（処分見込価額により評価した価額、消費税抜き）が 1 万円以下であること

　この場合の「処分見込価額」ですが、その額が明らかでない場合は、報

144

酬又は料金等の源泉徴収における金銭以外のもので支払われる賞品の評価に準じて、現金正価の60％相当額（所基通205-9）としてもよいものと考えます。

（2）創業記念のように一定期間ごとに到来する記念に際し支給する記念品については、創業後相当な期間（おおむね5年以上の期間）ごとに支給するものであること

　この（1）と（2）のいずれの要件をも満たす記念品は、強いて課税しなくて差し支えないこととされています。

　この取扱いを受けることができるのは、あくまでも創業記念として支給するものに限られますので、金銭を支給する場合は、たとえ記念品代に相当するものであったとしても、その全額が給与等として課税の対象となります。ここでいう、創業記念品の支給には当たらないからです。

　本事例は、会社の創業記念として商品券を支給していますが、支給を受けた社員等はこの商品券と引き換えに、商品を自由に選択することが可能となりますので、その経済的効果は金銭による支給と何ら変わりません。まして、商品券は換金することもできます。

　したがって、創業記念であったとしても、本事例のような商品券の支給については、課税しないという取扱いはできず、給与等として課税の対象となり、支給した時に源泉徴収をしなければなりません。

A DVICE 顧問先へのアドバイス

　本書でも幾度となく触れていますが、課税されない現物給与は、現物での支給であるがゆえの取扱いです。したがって、課税されない現物給与の趣旨に沿うものであったとしても、金銭での支給や、金銭と同等の効果をもたらす商品券などの金券、有価証券などの支給は、原則として給与課税となります。金銭や金券等での支給は、基本的には給与課税ということを認識しておく必要があります。

また、現物であっても、多品目の中から社員等が自由に選択できることとなっているような場合は、上述した金銭と同様の効果もたらすと考えられますので、この点にも十分に留意してください。

6　現物給与に関する事例

| 事例 13 | 住宅の値引販売 |

事例の概要

　不動産業を営む A 社は、自社で販売している建売住宅を、社員が住宅用として購入する場合に限り、通常の販売価額の 70％ 相当額で販売することとしています。

　昨年、社員Bに対して、棚卸資産である建売住宅（販売価額 3,000 万円）を 2,100 万円で売却しましたが、販売価額の 70％ 相当額であり、課税上特に問題はないと考え、源泉徴収はしていません。

税務調査官の指摘事項

　土地、建物等の不動産など、高額資産を値引販売したことによる経済的利益については、非課税規定の適用がないので、通常の販売価額と社員Bへの販売価額の差額 900 万円は、給与等として源泉徴収が必要となる。

解説

　会社が役員や社員に、自社が取り扱う商品や製品など（有価証券と食事を除きます。）を値引販売することがありますが、この場合に社員等が受ける経済的利益で、次のいずれの要件にも該当する場合は、課税しなくて差し支えないこととされています（所基通 36-23）。

（1）値引販売額が、会社の取得価額以上であり、かつ、通常他に販売する価額のおおむね 70％ 未満でないこと

　「通常他に販売する価額」とは、一般消費者への販売価額をいいますので、例えば、○○セールなどと銘打って通常期よりも安い価額で販売している場合には、この価額を「通常他に販売する価額」として 70％ 未満かどう

147

かを判断します。

（2）値引率が、社内一律若しくは社員等の地位や勤続年数などに応じて全体として合理的なバランスが保たれる範囲内の格差を設けて定められていること

（3）値引販売をする商品等の数量は、一般の消費者が自己の家事のために通常消費すると認められる程度のものであること

この取扱いは、一般的に行われている自社製品等の社員への値引販売については、利益の額が少額であること、値引販売は一般の顧客に対しても行われる場合があること等を考慮して、上記（1）から（3）の要件のもとに、課税されないものとして取り扱われています。

しかしながら、本事例のような不動産や高級車、高価な宝石類などの値引販売による経済的利益については、社員等への販売価額が、たとえ取得価額以上であり、通常の販売価額の70％以上だとしても、次の理由から、上記取扱いを適用することはできません。

① 経済的利益の額がきわめて多額で、少額不追及の趣旨に沿わないこと

② 不動産は一般の消費者が自己の生活において通常消費するようなものでなく、上記（3）の要件に沿わないこと

このような場合には、一般消費者への販売価額と社員への販売価額との差額は、社員の給与所得として、販売した時に源泉徴収をする必要があります。

Ａ DVICE 顧問先へのアドバイス

自社製品等の価額がいくらまでなら課税されない規定が適用できるのか、という明確な金額基準等はありません。自社の取扱い製品・商品等の内容を見極めつつ、この取扱通達の趣旨及び3つの要件を十分に理解した上で、課税かどうかを検討する必要があります。

6 現物給与に関する事例

事例 14 人間ドックの受診費用

事例の概要

A 社は、自社が策定した健康管理規程に基づき、役員を含む全員について年 2 回の定期健康診断を実施しているほか、成人病予防のため、年齢 35 歳以上の希望者全員に対し、人間ドックを受診させています。人間ドックについては、社員には一般の健康診断（原則として、日帰り）を受けさせていますが、役員は数日の宿泊を伴う約 50 万円のものを受けています。

これらの費用については、各医療機関と契約し、A 社が全額支払っています。

税務調査官の指摘事項

役員の人間ドックの費用約 50 万円は、課税扱いとなるので、給与等として源泉徴収が必要である。

解説

1 健康診断の意義

会社が業務を運営していくためには、そこに従事する者の健康管理はきわめて重要な要素となります。

このことから、労働者の安全と健康を確保するとともに、快適な職場環境を醸成することを目的として、労働安全衛生法では、健康診断の実施等、労働者の健康に関する様々な規定が設けられています。

労働安全衛生法第 66 条（健康診断）
1 事業者は、労働者に対し、厚生労働省令で定めるところにより、

149

医師による健康診断（……）を行わなければならない。

2　事業者は、有害な業務で、政令で定めるものに従事する労働者に対し、厚生労働省令で定めるところにより、医師による特別の項目についての健康診断を行なわなければならない。有害な業務で、政令で定めるものに従事させたことのある労働者で、現に使用しているものについても、同様とする。

3　事業者は、有害な業務で、政令で定めるものに従事する労働者に対し、厚生労働省令で定めるところにより、歯科医師による健康診断を行なわなければならない。

4　都道府県労働局長は、労働者の健康を保持するため必要があると認めるときは、労働衛生指導医の意見に基づき、厚生労働省令で定めるところにより、事業者に対し、臨時の健康診断の実施その他必要な事項を指示することができる。

5　労働者は、前各項の規定により事業者が行なう健康診断を受けなければならない。ただし、事業者の指定した医師又は歯科医師が行なう健康診断を受けることを希望しない場合において、他の医師又は歯科医師の行なうこれらの規定による健康診断に相当する健康診断を受け、その結果を証明する書面を事業者に提出したときは、この限りでない。

2　健康診断費用の取扱い

　上記1のように、事業者にはその従事者の健康管理のための健康診断等が義務付けられており、このような中で、会社から社員が受ける健康診断費用等に相当する経済的利益の全てについて課税するということは、必ずしも適当ではありませんので、人間ドックの内容や費用が通常必要と認められる範囲内のものであれば、非課税として取り扱うこととされています（所基通36-29）。

　役員は、労働安全衛生法上の労働者ではありませんが、健康管理の面で

は社員とことさら区別する事由もありませんので、社員と同内容の健康診断等である限り、その費用は非課税として取り扱われます。

ただし、役員や社員が受ける経済的利益が、次のような場合は非課税として取り扱うことはできません。

① 人間ドック等の検診費用が著しく多額であるとき

② 検診等の対象者が役員等特定の者のみであるとき

本事例では、人間ドックの受診対象は役員、社員を含む全員と認められるものの、役員については、その検診費用が50万円とかなり高額であるところからみますと、役員という特定の者に便益を与えていることにほかならないと考えられます。また、役員だからといって高額な人間ドックの受診をしなければならないという理由もありませんので、このような費用を会社が負担した場合は、これら役員の給与等として、源泉徴収する必要があります。

なお、会社によっては「ママさんドック」や「ファミリードック」ということで、社員等の配偶者等家族の健康診断費用を負担しているケースもあります。社員等の配偶者等には、会社の健康管理義務は及ばず、一般的に行われているとも認められませんので、会社が負担するこの費用は、社員等の給与等として源泉徴収が必要となります。

Aｄｖｉｃｅ 顧問先へのアドバイス

社員等の健康管理に関しては、上述したように、会社は事業者としての各種義務が課せられていますので、一般的にはこの義務に基づく健康管理規程を制定し、健康診断の受診内容やその費用などを定め、実施しているものと考えます。

会社が制定する健康管理規程は、社内に周知・公表されることを前提にすれば、社員等であれば全員に適用されるものであり、役員等との極端な格差は通常考えられません。したがって、よほどのことがない限り、この

社内規程どおり運用されていれば、課税問題は発生しないものと考えます。

　本事例における役員の人間ドック費用については、詳細は判然としませんが、金額までは規程に織り込まれてはいなかったのではないかと推察されます。

　このような観点から、健康管理規程等を今一度見直すことも必要ではないかと考えます。

6 現物給与に関する事例

COLUMN 調査対策は日常業務にあり🔍

その6 現物給与を支給する際の「特定の者」とは

　課税されない現物給与に共通する要件の１つに、表現は別として、「役員又は特定の社員のみ」への支給でないことが掲げられています。役員や特定の者のみに支給あるいは有利に支給している場合は、給与として課税されるというのが基本的な考え方です。

　この場合の「役員又は特定の社員のみ」の考え方は次のとおりです。

①　支給額等に格差が設けられている場合で、それが職種、年齢、勤続年数などの合理的な基準により普遍的に設けられた格差であると認められる場合には、「役員又は特定の社員のみ」には当たりません。

②　社員等の全部又は大部分が同族関係者であるときは、「役員又は特定の社員のみ」に該当します。

153

Ⅴ　税務調査における指摘事例と留意事項

事例 15 | 食事の支給が課税される場合

事例の概要

　A社は、社員食堂を開設し、社員に低価額で食事を提供しています。

　社員Bを例にとりますと、1か月当たりの食事の提供等の状況は次のとおりです。

（1）　食事の価額　　　　　　　10,000円

　　　（材料費等直接かかった費用の額です。）

（2）　社員Bから徴収した額　5,000円

（3）　会社が負担した額　　　　5,000円

　会社が負担したことになる額について、給与等として課税されることは認識していましたが、A社は会社が負担した5,000円から3,500円を差し引いた1,500円を課税対象として源泉徴収税額を計算していました。

税務調査官の指摘事項

　A社が負担した金額が、社員Bに対する給与所得となるので、5,000円を支給金額として源泉徴収税額の計算をする必要がある。

解説

　会社が社員等に対して食事を支給した場合は現物給与となりますが、食事については業務上の必要性や福利厚生面も考慮して、一定の要件を満たす場合には、給与として課税されないこととされています（所基通36-38、36-38の2）。

1　課税されない場合

　役員や社員に支給する食事は、次の2つの要件のいずれをも満たしてい

154

れば、給与として課税されません。

（1）社員等が食事の価額の半分以上を負担していること

（2）食事の価額（消費税抜き）から社員等が負担している金額を控除した額が月額 3,500 円以下であること

2　課税される場合

上記 1 の 2 つの要件を満たしていなければ、食事の価額から社員等の負担している金額を差し引いた金額が給与として課税されますので、源泉徴収が必要です。具体的には次表を参照してください。

課税か否かの判定

(月額)

事例	食事の価額	社員等の負担額	会社の負担額	課税対象額	上記 1 要件不備
ア	5,000 円	2,000 円	3,000 円	3,000 円	（1）
イ	5,000 円	2,500 円	2,500 円	―	―
ウ	7,000 円	3,000 円	4,000 円	4,000 円	（1）（2）
エ	7,000 円	3,500 円	3,500 円	―	―
オ	10,000 円	5,000 円	5,000 円	5,000 円	（2）
カ	10,000 円	6,500 円	3,500 円	―	―

本事例は、上表の事例「オ」のケースに該当するものと思われますが、食事の価額 10,000 円から社員 B が負担した額 5,000 円を差し引いた額は 3,500 円を超えていますので、A 社が負担した 5,000 円（消費税込み）について、給与所得として源泉徴収を要することになります。「3,500 円以下」というのは、あくまでも課税されない場合の要件の 1 つということであり、非課税としての控除額を定めたものではありません。

食事の支給など、現物給与における消費税の取扱いについて、提供する物品などに消費税が含まれている場合には、その額を含めた額が給与等の額となります。一方で、上記 1（2）のように、非課税限度額を超えるか

V　税務調査における指摘事例と留意事項

どうかは、消費税額を除いたところで判定します（平元直法6-1）ので、留意する必要があります。また、社員から徴収する食事代は、その代金の多寡にかかわらず、現実に徴収している金額は、課税資産の譲渡の対価に該当しますので、消費税の計算上は課税売上となります。

　なお、上記「食事の価額」とは、次により評価した金額をいいます。
① 　仕出し弁当などの場合……業者に支払う金額
② 　社員食堂などで会社が作った食事を支給している場合……食事を作るために直接かかった材料費や調味料などの合計額

ADVICE　顧問先へのアドバイス

　食事の現物支給に係る取扱いについて、本事例のように「3,500円以下」を非課税額として控除できると勘違いしているケースが現実に見受けられます。したがって、会社が食事を提供している場合には、社員等から徴収している食事代について、非課税の取扱いに適合しているかどうかを改めて確認しておく必要があります。

　併せて、上記の課税されない取扱いは、あくまでも「食事」という現物を支給する場合のものであって、現金で食事代を補助する場合には、深夜勤務者に支給するような特殊な場合を除き、たとえ金額的に非課税となる食事の支給に相当するものであっても、補助をする全額が給与として課税されますので、留意してください。

6 現物給与に関する事例

事例 16 | 民間アパート等の家賃負担

事例の概要

A 社は、社宅や寮を所有していないため、民間アパートと契約して、借上社宅として社員に貸与しています。

住居問題は社員の雇用条件の重要な要素でもあり、民間アパートを選定する際には、社員等の意見も十分聞き、極力、意向に沿ったものを手配しています。

新卒者についても、それまで住んでいた住居に入社後も引き続き住みたいとの意向があった場合、それを尊重し、A 社契約に切り替えた上で、引き続き借上社宅として利用しています。

社員から、通常の賃貸料相当額の50％を徴収していることから、課税上問題ないと考え、所得税の源泉徴収はしていません。

税務調査官の指摘事項

社員が自由に選択できるような住居の賃貸料については、いわゆる借上社宅には該当しないので、A 社の負担した賃貸料は、社員に対する給与等として源泉徴収をする必要がある。

解説

社員に対する住居は、雇用条件、福利厚生面、業務の遂行上の必要性など種々の事情から、会社の補助があってもよいのではないかとの考え方があります。

そこで、社員の場合は、次の算式による額を通常の賃貸料の額とし、この半額以上を社員から徴収していれば、課税されないこととされています

157

V 税務調査における指摘事例と留意事項

（所基通36-45、36-47）。

　なお、この取扱いは社員に限り適用されるもので、役員の場合はこの「半額以上を徴収していれば」が適用できないなど、社員に比べて厳しめの取扱いとなっています。

（算式）

　賃貸料相当額（月額）

$$= \frac{その年度の}{家屋の固定 \atop 資産税の課 \atop 税標準額} \times 0.2\% + 12円 \times \frac{家屋の総床面積（m^2）}{3.3（m^2）} + \frac{その年度の}{敷地の固定 \atop 資産税の課 \atop 税標準額} \times 0.22\%$$

　この算式は、上記事情にある社宅であることに鑑み、いわゆる時価によるのは相当ではなく、公的な課税標準額を斟酌したものと考えられます。

　社宅は、全ての会社が所有しているわけではありません。したがって、上記取扱いは、同様の趣旨を有する他からの借上社宅を社員に貸与する場合にも、同様に上記算式の額の半額以上を社員から受け取っていれば、課税されません。

　このことからすると、民間アパート等を借上社宅として社員に貸与する場合、上記の取扱いを受けるには、貸与物件が「社宅」であることが必要条件となります。社宅が会社の業務上の必要に基づき提供する住宅であることからすると、次の（1）から（3）のいずれにも該当する場合に、非課税の取扱いが適用できるものと考えます。

（1）会社が家主と直接賃貸借契約を締結した住宅であること

（2）社員には居住する住宅の選択性が乏しく、複数の社宅がある場合でも社員の地位等に応じた一定の基準（役職や勤続年数の基準など）が設けられ、貸与される住宅も自ずと限定されていること

（3）賃貸することによる利益を目的として貸与されるものではなく、賃貸物件の家賃は高額でないこと

　したがって、社員が直接賃貸借契約をしている場合はもちろんのこと、

会社が家主と契約している場合であっても、本事例のように社員が自由に選べるようなものや、新卒者が希望して引き続き居住しているような場合は、ここでいう社宅には該当せず、この場合の家賃補助は一種の住宅手当とも考えることができ、非課税とはなりません。

なお、社員から受け取っている家賃が賃貸料相当額の50%以上の場合は課税されませんが、50%未満の場合には、50%相当額ではなく、賃貸料相当額と受け取っている家賃との差額が給与として課税されます。

顧問先へのアドバイス

最近、雇用条件等の多様化がみられ、住居に関する条件も、入社等を決める際の重要なポイントとなっているようです。

しかしながら、上述したように、社員に対する家賃負担の非課税の取扱いは、「社宅」の趣旨に沿っている場合に限り適用されるものです。

本事例のように、否認されるケースは現実にも多いと思われます。

非課税とされる「社宅」の趣旨を十分に理解した上で、「借上社宅」の制度について、定期的に見直すことが必要と考えます。

Ⅴ 税務調査における指摘事例と留意事項

7 同一年に２か所から支給される退職手当に関する事例

　退職所得については、①定期的に発生するものではないこと、②算出される税額が多額と見込まれることなどから、源泉所得税の調査の際には、調査項目の１つとなります。

　税務調査官が主に注目するのは、勤続年数の通算がある場合や、過去に退職手当の支給を受けている場合など、特殊な計算を要する場合の税額の計算手続です。

　平成25年１月に施行された「特定役員退職手当等」の手続に関しては、特に注目しています。

　詳細な説明は省略しますが、役員期間が５年以内か、５年超か、その期間の１日の違いで課税退職所得金額の計算方法が異なり、源泉徴収税額が大きく違ってくる場合があるからです。

　役員の場合、「退職の日」は、通常、株主総会や取締役会などの決議の日です。この株主総会などは、毎年同時期に行われますので、「１日の違い」による非違は現実にあり得る話です。

　ここでは、【事例17】で同一年に他から支払われた退職手当等があるケースを取り上げます。

7　同一年に２か所から支給される退職手当に関する事例

|事例 17|「退職所得の受給に関する申告書」に記載されていない受け取り済みの退職手当|

事例の概要

　A社では、退職者について、会社が制定した退職給与規程に基づき、退職手当を支給しています。

　支給する際には、「退職所得の受給に関する申告書」の提出を求め、この申告書に記載された内容に基づき、退職所得の源泉徴収税額を計算し、期限内に納付しています。

税務調査官の指摘事項

　退職者について、経歴等を確認したところ、同じ年に、A社を退職する前にこの受給に関する申告書に記載されていない他からの退職手当の支払があることが判明した。

　A社で支払った分についてのみ、源泉徴収税額の計算を行っているが、他からの退職手当を含めて再計算すると、源泉所得税の追徴税額が発生する。

解説

1　「退職所得の受給に関する申告書」の意義

　この申告書は、退職手当の支払を受ける役員や社員がその支払を受ける時までに、住所、氏名、勤続期間やその年中における他の受け取り済みの退職手当の有無などを記載して会社に提出するものです。

　提出を受けた会社は、この申告書の記載内容をもとに退職手当の源泉徴収税額を計算します。

　退職者は、この申告書を提出することにより、源泉徴収の際に退職所得

161

控除額の適用を受けることができるほか、所得税の確定申告は原則として
する必要はありません。

　この申告書の提出がない場合には、退職手当の支払額に一律20.42％の
税率を乗じた金額が源泉所得税の額となります。この申告書が提出されな
いと、退職所得控除額の計算などができませんので、税額はかなり多額と
なりますが、退職者が確定申告をすることによって、所得税額の清算をす
ることができます。

2　同一年中に他から支払われた退職手当等がある場合

　役員や社員に退職手当を支払う時、同じ年に他の会社等から既に支払わ
れている退職手当があることがあります。また、会社ばかりではなく、企
業年金基金などからの退職手当等とみなされる一時金の支給を受けている
場合もあります。

　これらの退職者が「退職所得の受給に関する申告書」を提出する場合に
は、受け取り済みの退職手当等の支払者の名称、退職手当等の額、源泉徴
収された税額などを記入し、その分の「退職所得の源泉徴収票」を添付し
て会社へ提出することとされています。なお、同一年中に、複数の支払者
にこの受給に関する申告書を提出する場合には、同申告書にその提出の順
位を記載することとされています。

　会社は、この受給に関する申告書の提出を受けて、他からの受け取り済
みの退職手当等も含めて源泉徴収税額の計算をしなければなりません。

3　「退職所得の受給に関する申告書」に受け取り済みの退職手当が記載
　されていない場合の是正方法

　本事例のように、退職者が同一年中に2か所から退職手当の支給を受け、
後で支給されたA社に、受け取り済みの退職手当の額等を記載しないで「退
職所得の受給に関する申告書」の提出をしたことにより、本来の源泉徴収
すべき税額に不足が生じた場合は、源泉徴収義務者であるA社のもとで
是正しなければなりません（所基通203-3、194～198共-1）。

　社員等からの申告に基づき源泉徴収していたとしても、受け取り済みの

退職手当の記載がない申告書は誤りのある申告書となり、源泉徴収自体に誤りがあったということで、是正等の責めは源泉徴収義務者である会社が負うことになります。

A DVICE 顧問先へのアドバイス

社員等から提出を受ける年末調整に関わる扶養控除等各種申告書や「退職所得の受給に関する申告書」は、その記載内容等が正しいことを前提として、源泉徴収義務者である会社のもとで、源泉徴収税額の計算を行うことになります。したがって、記載内容に誤りがあった場合には、上述したように、原則として源泉徴収義務者である会社が是正しなければなりません。

社員等から提出されるこれらの申告書の記載誤りなどに基づく追徴税額に対しては、会社の責めに帰すべき事由のない限り、不納付加算税は免除されますが、源泉徴収義務まで免除されるということではありません。

このような記載誤り等を未然に防止するためにも、社員等からこれらの申告書等の提出を受ける際には、源泉徴収に関してその提出の目的や正しく記載することの重要性について、周知徹底しておく必要があります。

Ⅴ　税務調査における指摘事例と留意事項

8　報酬以外の名目で支払われるものに関する事例

　源泉徴収の対象となる報酬・料金等は、法令に規定されているものに限られて（限定列挙）おり、そのほとんどは個人の人的役務の提供の対価です。ただし、限定列挙といっても、これらの規定に類するものは、源泉徴収をしなければなりません。

　一般的な事業を行う会社等の場合は、その多くが資格のある者（弁護士、税理士等）への支払が対象となり、源泉徴収税額の計算もそう難しくはありません。

　したがって、源泉所得税調査における報酬・料金等の指摘事例は、単に、源泉徴収漏れ若しくは納付漏れといったケースが多いようです。先方の請求書等に、源泉徴収税額の記載があるにもかかわらず、納付を失念している場合も見受けられます。

　この点については、事例として取り上げ、解説することには馴染みません。

　ここでは、相手方の請求書どおりに支払うことに基因して間違いやすいケースとして、【事例18】で弁護士報酬とともに支払う交通費の問題を取り上げます。

　併せて、これらの報酬等を支払う際の事務手続上の留意点についても解説します。

8　報酬以外の名目で支払われるものに関する事例

| 事例 18 | 弁護士報酬とともに支払う交通費等 |

事例の概要

　A社は、取引に関するトラブル案件が発生し、この紛争解決を弁護士B
に依頼することとしました。

　この業務に係る報酬等について、弁護士Bから次に掲げる内容の請求
書を受領しました。

着手金　　　　　　　　500,000円

業務報酬　　　　　　1,000,000円

消費税　　　　　　　　120,000円

登録免許税（実費）　　30,000円（領収書が添付されています。）

交通費・宿泊費等（実費＋日当、領収書等は添付されていません。）

　　　　　　　　　300,000円　　　　合計1950,000円

以上の請求に対して、A社は、着手金と業務報酬の計1,500,000円につ
いて、二段階税率を適用して、報酬・料金等の源泉徴収税額を計算しまし
た。

　それ以外の消費税については、請求書に明確に記載されており、登録免
許税、交通費等についても、立替金に相当するものと考え、また、先方の
弁護士の意向もあり、源泉徴収の対象とはしていません。

税務調査官の指摘事項

　上記請求書のうち、交通費・宿泊費等の300,000円は、弁護士報酬とし
て源泉徴収が必要となる。

165

Ⅴ　税務調査における指摘事例と留意事項

解説

　弁護士などの業務に関する報酬・料金は、源泉徴収の対象とされ、会社は、その支払額について1,000,000円までは10.21％、その額を超える部分は20.42％の税率で源泉徴収しなければなりません（所法204条、205条）。

　この報酬・料金には、本来の業務に係る報酬のほか、謝礼、調査費、日当、旅費、車賃などの名目で支払われるものも、源泉徴収の対象となる報酬・料金に含まれます（所基通204-2）。

　ただし、次の（1）又は（2）に該当する場合に限り、源泉徴収の対象となる報酬・料金から除いてもよいことになっています（所基通204-4）。

（1）弁護士等に支払う金銭等であっても、支払者が国等に対し登記、申請をするため本来納付すべきものとされる登録免許税、手数料等に充てるものとして支払われたことが明らかな場合

（2）通常必要な範囲内の交通費、宿泊費等を支払者が直接、交通機関やホテル等に支払う場合

　（1）については、これらの手数料等は半ば公的なものであり、立替金であることが明らかな場合には、報酬・料金の源泉徴収の対象から除いてもよいこととされています。

　（2）については、交通費等の実費部分につき、会社がこれらの手配をし、直接支払っている場合に限り、会社側の経費と考え、源泉徴収の対象から外れます。

　本事例では、登録免許税の部分については、上記（1）に該当しますので、源泉徴収の対象に含まれませんが、交通費・宿泊費等の額は、領収書等も添付されておらず、上記（2）の手続等も踏んでいませんので、源泉徴収の対象としなければなりません。

　請求書には、先方が源泉徴収税額まで記載している例もありますが、あくまでも源泉徴収義務は報酬を支払う会社にありますので、この点、会社の責任で確認する必要があります。

　なお、請求書に、交通費・宿泊費等についての領収書が添付されている

166

場合には、その領収書が原本である場合に限り、その部分の金額について上記（2）に準ずるものとして、源泉徴収の対象には含めずともよいと考えます。

ADVICE
顧問先へのアドバイス

　報酬・料金を支払う場合には、相手先によって源泉徴収を要しない場合や、支払内容によっては、一部源泉徴収をしなくてもよい金額が含まれている場合、二段階税率が適用されるものなど、留意すべき点が多々あります。したがって、請求書等により、支払内容等を十分に検討する必要があります。

　検討する際の主なチェックポイントは、次のとおりです。

（1）支払先の確認

　弁護士や税理士などの法人組織も多くなっています。支払う相手先が弁護士個人である場合は源泉徴収が必要ですが、弁護士法人に対する支払の場合には源泉徴収をする必要はありません。

（2）支払内容の確認

　解説で説明したとおり、支払の内容について、源泉徴収すべきものとしなくともよいものが混在しているケースが多いので、これらの内容を十分に理解した上で、請求書等の内容を確認する必要があります。

（3）源泉徴収税額の計算

① 二段階税率等の適用

　　支払の内容や金額等から、二段階税率の適用があるか、控除する金額の計算が適用される報酬・料金かどうかを確認します。

② 支払方法の確認

　　契約書等により、支払金額が税引後の手取契約となっていないかを確認します。

　　手取契約となっている場合は、いわゆるグロスアップ計算を行うこと

Ⅴ　税務調査における指摘事例と留意事項

になります。

③　消費税の額

　　報酬・料金の額に消費税が含まれている場合であっても、原則として、これを含めた金額が源泉徴収の対象となります。

　　ただし、請求書等において、報酬・料金の額と消費税の額が明確に区分されている場合に限り、その消費税の額は含めずに、その報酬・料金の額のみを源泉徴収の対象として差し支えないこととされています（平元直法6-1）。

（4）源泉徴収税額の納付

　弁護士や税理士等に係る報酬・料金の所得税は、「報酬・料金等の納付書」ではなく、「給与所得、退職所得等の納付書」を使用することとなりますので、注意が必要です。

9 非居住者等による不動産の譲渡・賃貸、船舶・航空機の賃貸所得に関する事例

　国際課税の分野においては、非居住者等による不動産の譲渡や賃貸に係る所得については、その不動産の所在地国に課税権が配分されます。

　課税方法は、まず支払者が対価の支払に際して、国内不動産の譲渡所得（所法 161 条 1 項 5 号）は税率 10.21％で、国内不動産の賃貸所得（所法 161 条 1 項 7 号）は税率 20.42％で所得税を源泉徴収して納付することとされています（所法 212 条 1 項、213 条 1 項）。どちらの場合も非居住者等が国内に恒久的施設（PE）を有しない場合でも申告納税する（所法 164 条 1 項 2 号、法法 141 条 2 号）ことになりますが、国内不動産を譲渡した非居住者等は日本に拠点がなくなる場合が多く、無申告となる又は申告しても納付がない場合もあることから、納税を確保する観点から支払者に対して源泉徴収義務が課されています。

　非居住者等による船舶・航空機の賃貸に係る所得については、これが定期用船（機）など国際運輸業所得に該当する場合には居住地国課税となりますが、いわゆる裸用船（機）に該当する場合には、国内法においては、不動産の賃貸所得と同じ号（所法 161 条 1 項 7 号）に規定され、居住者又は内国法人に対する賃貸に係る所得については、国内に PE を有しなくても、国内不動産の賃貸所得と同様の課税がされることになります。一方、一般的な租税条約においては船舶・航空機は不動産とはみなされませんが、一定の租税条約においては、使用料条項に規定する「設備の使用料」として源泉地国に課税権が配分される場合があります。この場合は、「租税条約に関する届出書」を提出することにより租税条約の軽減税率が適用されることになります。

　ここでは、【事例 19】で国内不動産の譲渡のケース、【事例 20】で国内不動産の賃貸のケース、【事例 21】で航空機のリース所得のケースを取り

169

V 税務調査における指摘事例と留意事項

上げます。なお、【事例 21】においては BEPS 防止措置実施条約も取り上げます。

9 非居住者等による不動産の譲渡・賃貸、船舶・航空機の賃貸所得に関する事例

| 事例 19 | 非居住者に支払うマンション（居住用、賃貸用）の譲渡対価 |

事例の概要

　サラリーマンである居住者甲氏は、Ａマンションの一室に居住し、Ｂマンションの一室を賃貸しています。両マンションの所有権については、米国に居住している妹乙氏と２分の１ずつ区分所有していましたが、乙氏が米国に永住することを決意したのを機に、乙氏から区分所有権を買い取りました。譲渡対価は、それぞれ次のとおりです。

・Ａマンションの対価：9,000 万円
・Ｂマンションの対価：8,000 万円

　なお、乙氏は米国の居住者で、日本の非居住者になります。

（甲氏の対応）

　甲氏は、非居住者から不動産を譲り受けた場合に、その対価の支払の際に所得税を源泉徴収して納付する制度があることは知っていましたが、自分はサラリーマンであり、マンションの賃貸も事業として行っているわけではなく、対価もそれぞれ１億円以下であることから、所得税を源泉徴収していませんでした。

税務調査官の指摘事項

　Ｂマンションの対価 8,000 万円については、10.21％の税率で所得税を源泉徴収して納付する必要がある。

　一方、Ａマンションは、個人の居住の用に供するために購入したもので、その対価が１億円以下であることから、所得税を源泉徴収する必要はない。

　なお、いずれにせよ、乙氏は、最終的にはＡマンション及びＢマンションの譲渡所得について、日本で確定申告をする必要がある。

171

Ⅴ　税務調査における指摘事例と留意事項

解説

1　国内法及び租税条約における「不動産」譲渡の取扱い

　日本国内にある土地建物等の譲渡対価については、次のとおり、国内法に課税規定があり、日米租税条約により日本に課税権が配分されていて軽減税率も定められていないことから、国内法どおり課税されることになります。

（1）所得税法の取扱い

　非居住者等から日本国内にある土地建物等を購入して、その譲渡対価を国内で支払う者は、非居住者等に対して対価を支払う際に、10.21％の税率で所得税を源泉徴収する必要があります（所法161条1項5号、212条1項）。ここで、源泉徴収義務は全ての「土地等の譲渡対価の支払をする者」に課せられていることから、一般のサラリーマンであっても源泉徴収義務を負うことになります。

　ただし、その譲渡対価が1億円以下で、その土地建物等を自己又はその親族の居住の用に供するために譲り受けた個人から支払われるものは、所得税を源泉徴収する必要はありません（所法161条1項5号、所令281条の3）。

　なお、土地建物等を譲渡した非居住者等は、その対価について源泉徴収されたか否かにかかわらず、日本において確定申告をする必要があります（所法164条1項2号、法法141条2号）。

（2）租税条約の取扱い

　日米租税条約第13条においても、国内にある不動産（その財産の所在地国の法令における不動産の意義を有するもの（第6条2）の譲渡によって取得する収益については、その不動産の所在地国において課税できる旨規定しています。

2　「居住用」の判定

　上記1（1）のとおり、非居住者等が行う土地建物等の譲渡であっても、その土地建物等が自己又は親族の居住用のものであれば、その対価が1億

172

円以下の場合、個人の支払者は所得税を源泉徴収する必要はありません。

「居住用」の判定については、基本的に事実認定によりますが、店舗併用住宅のように同一の土地建物で用途が居住用とそれ以外に区分される場合、源泉徴収課税の性格上、源泉徴収の対象金額をいくらにするか、という問題が生じます。

これについては、国税庁がホームページで公表する質疑応答事例（ホーム＞法令等＞質疑応答事例＞源泉所得税＞非居住者等所得＞6非居住者から1億円以下の店舗併用住宅を取得する場合）において、「その主たる用途が居住の用途かそれ以外かにより判定する」とされています。そして、「その家屋の床面積の2分の1以上を居住の用に供する場合には、居住の用に供するために取得したものと扱うのが相当」としています。

3　本事例における課税関係

本事例においては、税務調査官の指摘のとおり、Bマンションの対価8,000万円について、税率10.21％で所得税が源泉徴収されることになります。

なお、乙氏は、Bマンション（及びAマンション）の譲渡所得について、日本で確定申告する必要があります。

ＡDVICE 顧問先へのアドバイス

個人居住者が個人非居住者から相対で国内にある土地建物を購入するケースはあまり一般的ではないかもしれませんが、近年、海外に居住する日本人が増加傾向にあり、そのような非居住者が、親から相続した不動産を日本に居住する兄弟姉妹に譲渡するケース等が見受けられます。

このような場合は、譲り受ける居住者における源泉徴収課税の問題と、譲渡する非居住者における確定申告の問題が生じますので、双方について課税関係に配意することが肝要です。

Ⅴ　税務調査における指摘事例と留意事項

| 事例20 | シンガポール本社が非居住者（シンガポール居住者）に支払う日本駐在員事務所の外貨建て賃借料 |

事例の概要

　シンガポール法人A社は、日本に駐在員事務所を設置するに当たり、シンガポール居住の日本人甲氏（日本の非居住者）との間で、甲氏が日本に所有する貸ビルの一室について、月額SGD6,250（1SGD＝80円換算で50万円相当額）で賃貸借契約を締結しました。

　なお、A社の日本駐在員事務所には従業員2名が駐在してリサーチ活動を行っており、日本駐在員事務所は、所轄税務署に「給与支払事務所の開設届」を提出し、従業員の給与の支払に際しては所得税を源泉徴収して納付しています。

（賃借料に係るA社の対応）

　A社は、日本駐在員事務所の賃借料（以下「本件賃借料」といいます。）については、甲氏はその収入について日本で確定申告しているということであり、その支払について日本駐在員事務所は関与せず、シンガポール本社が甲氏に対してシンガポール国内で支払っていたため、所得税を源泉徴収していませんでした。

税務調査官の指摘事項

　本件賃借料については、非居住者甲氏が受け取る日本国内に所在する不動産の賃貸料であり、国内源泉所得に該当する。その支払は国外で行われているが、その支払者であるA社は国内に駐在員事務所を有していることから、国内で支払が行われたとみなされるので、その支払に際し、税率20.42％で所得税を源泉徴収して納付する必要がある。

　また、本件賃借料はSGD建てで契約され、SGDで支払われているが、

174

源泉所得税の計算の基礎となる支払金額については、その支払期日又は支払日の電信買相場により円貨に換算し、所得税の源泉徴収税額を算定することになる。

解説

1　国内法及び租税条約における「不動産賃貸料」の取扱い

日本国内にある不動産等の賃貸料については、次のとおり、国内法に課税規定があり、日星租税条約により日本に課税権が配分され、軽減税率も定められていないことから、国内法どおり課税されることになります。

（1）所得税法の取扱い

非居住者等が日本国内にある不動産等を賃貸して受け取る賃貸料（国内源泉所得）については、これを国内で支払う者は、その支払の際に税率20.42％で所得税を源泉徴収する必要があります（所法161条1項5号、212条1項）。

さらに、その支払が国外で行われる場合であっても、その支払をする者が国内に事務所等を有するときは、その者がその国内源泉所得を国内において支払うものとみなして、所得税を源泉徴収する必要があります。この場合の納期限は「徴収月の翌月末日まで」となります（所法212条2項）。

（2）租税条約の取扱い

日星租税条約第6条においても、国内にある不動産（その財産の所在地国の法令における不動産の意義を有するもの）から取得する所得については、その不動産の所在地国において課税できる旨規定しています。不動産から取得する所得には、不動産の賃貸所得が含まれます。

2　支払が外貨建てで行われた場合の源泉徴収金額の計算

その支払うべき金額が外貨で表示されている国内源泉所得については、円貨に換算した上で、所得税を源泉徴収して納付することになりますが、その換算方法については、次のとおりです（所基通213-1）。

Ⅴ　税務調査における指摘事例と留意事項

（1）外貨で表示されている額に相当する金額を邦貨により支払う場合

　その支払に関する契約等において定められている換算方法等に従って支払います。

（2）外貨で表示されている額を外貨により支払う場合

① 　その支払に関する契約等においてその支払期日が定められているとき

　　外貨で表示されている額をその支払うべき日（支払うべき時期が月、週等の期間をもって定められている場合は、当該期間の末日とし、同日前にその支払が行われた場合は、当該支払が行われた日）におけるその外貨に係る電信買相場により邦貨に換算して支払います。ただし、その支払が著しく遅延して行われている場合を除き、その外貨で表示されている額を現に支払った日における電信買相場により邦貨に換算した金額によることとしても差し支えありません。

② 　その支払に関する契約等においてその支払期日が定められていないとき

　　外貨で表示されている額を現に支払った日における電信買相場により邦貨に換算して支払います。

3　本事例における課税関係

　本事例においては、税務調査官の指摘のとおり、本件賃借料月額 SGD6,250 について、その支払期日又は支払日の電信買相場により円貨に換算した上で、その支払額の円換算額に、税率 20.42％で所得税が源泉徴収されることになります。

　なお、甲氏は、日本駐在員事務所の賃貸料について、日本で確定申告する必要があります。

ADVICE
顧問先へのアドバイス

　近年、日本人が国内不動産を所有したまま海外に移住するケースが多くなっています。そのような日本人の非居住者が、所有する国内不動産の維

持管理コストを賄うため、その国内不動産を賃貸する場合もありますので、その賃貸料収入に対する課税関係について、注視しておく必要があります。

Ⅴ　税務調査における指摘事例と留意事項

| 事例 21 | 航空機リースの対価
（BEPS 防止措置実施条約を見据えて） |

事例の概要

　内国法人Ａ社は、国内で登録して使用するための航空機（以下「本件航空機」といいます。）について、ノルウェー法人Ｎ社とリース契約を締結し（いわゆる裸用機、以下「本件契約」といいます。）、毎月リース料（以下「本件リース料」といいます。）を支払っています。

　Ａ社は、本件契約の締結交渉をアイルランド法人Ｉ社と行っていましたが、契約締結直前に、Ｉ社から、契約条件等は変更しないまま契約当事者のみノルウェー法人Ｎ社（本件航空機を保有し、リースするための特別目的会社（SPC）と推測されます。）にする旨の連絡があり、それを受けて本件契約をＮ社と締結し、Ｎ社に本件リース料を支払うことになりました。

　なお、Ｎ社及びＩ社は日本に恒久的施設（PE）を有していません。
（Ａ社の対応）

　日ノルウェー租税条約及び日愛租税条約の規定は次のとおりであり、本件リース料に対して、日ノルウェー租税条約が適用されれば本件リース料に対しては事業所得条項が適用されて日本では課税されず、一方、日愛租税条約が適用されれば本件リース料に対しては使用料条項が適用されて日本で課税されることになります。Ａ社は、本件リース料に対しては日ノルウェー租税条約が適用されるとの認識から、本件リース料の支払に際して所得税を源泉徴収していませんでした。

178

○　日ノルウェー租税条約

・第 6 条（不動産所得）2

　「船舶及び航空機は、不動産とはみなさない」と規定しています。

・第 12 条（使用料）3

　「使用料」の定義に「産業上、商業上又は学術上の設備の使用又は使用の権利の対価」は含まれていません。したがって、航空機のリース料について使用料条項は適用されず、事業所得条項が適用されます。

○　日愛租税条約

・第 7 条（不動産所得）2

　「船舶及び航空機は、不動産とはみなさない」と規定しています。

・第 13 条（使用料）3

　「使用料」の定義に「産業上、商業上又は学術上の設備の使用又は使用の権利の対価」が含まれています。したがって、航空機のリース料については使用料条項が適用されます。

税務調査官の指摘事項

　本件は、日ノルウェー租税条約の濫用であると考えており、租税条約の濫用を認定する方向で調査を進めていく。

　租税条約の濫用が認定された場合、N 社は日ノルウェー租税条約の特典を受けることはできず、本件リース料については、その支払の際に、国内法の税率 20.42％又は租税条約に関する届出書を提出した上で日愛租税条約の限度税率 10％で所得税を源泉徴収して納付する必要がある。

解説

1　国内法及び租税条約における「航空機のリース料」の取扱い

　外国法人による内国法人に対する航空機の貸付けによる対価については、国内法においては、次の**（1）**のとおり、国内に PE を有していなくても課税となります。

一方、日ノルウェー租税条約においては、次の**（２）イ**のとおり、航空機のリース料には事業所得条項が適用されることになるため、日本にPEを有しないＮ社が受け取る本件リース料については、日本に課税権はありません。ただし、仮に本件リース料は、実質的にＩ社がＡ社から受け取るものであるとして日愛租税条約が適用されるとすると、次の**（２）ロ**のとおり、本件リース料については、日本に課税権が配分され、国内法に従って課税されることになります（「租税条約に関する届出書」を提出すれば、条約上の軽減税率が適用されます。）。

（１）所得税法における航空機のリース料の取扱い

「居住者若しくは内国法人に対する船舶若しくは航空機の貸付けによる対価」については、所得税法第161条第1項第7号において「国内にある不動産の貸付けによる対価」と同様、国内源泉所得に該当する旨規定されています。

ここでいう「船舶若しくは航空機の貸付けによる対価」とは、船体又は機体の賃貸借である、いわゆる裸用船（機）契約に基づいて支払を受ける対価をいい、船舶又は航空機をもっぱら国外において事業の用に供する場合であっても、同号に掲げる国内源泉所得に該当します（所基通161-26）。

（２）租税条約における航空機のリース料の取扱い

　イ　日ノルウェー租税条約

　　日ノルウェー租税条約においては、「船舶及び航空機は、不動産とはみなさない」と規定し（第6条（不動産所得）2）、また、「使用料」に「産業上、商業上又は学術上の設備の使用又は使用の権利の対価」を含めていない（第12条（使用料）3）ことから、「船舶若しくは航空機の貸付けによる対価」については「企業の利得」に該当し、事業所得条項（同条約第7条）が適用されることになり、Ｎ社が日本にPEを有しない限り、日本に課税権は配分されません。

ロ　日愛租税条約

　　一方、日愛租税条約は、第13条の使用料条項に「産業上、商業上又は学術上の設備の使用又は使用の権利の対価」を含めて規定しており、ここでいう「設備」には「船舶又は航空機」が含まれると解されています。したがって、「船舶若しくは航空機の貸付けによる対価」については使用料条項が適用され、これが日本の国内源泉所得に該当する場合は、日本で課税されることになります。

2　BEPS防止措置実施条約第7条の「条約の濫用の防止」の適用関係

　BEPS防止措置実施条約第7条1は、「対象租税協定のいかなる規定にもかかわらず、全ての関連する事実及び状況を考慮して、当該対象租税協定に基づく特典を受けることが当該特典を直接又は間接に得ることとなる仕組み又は取引の主たる目的の一つであったと判断することが妥当である場合には、そのような場合においても当該特典を与えることが当該対象租税協定の関連する規定の目的に適合することが立証されるときを除くほか、その所得又は財産については、当該特典は、与えられない。」と規定しています。

　そして、日本は、同条約第7条（1～6）の「取引の主たる目的に基づく条約の特典の否認に関する規定」の適用を選択した上で、平成30年9月26日にBEPS防止措置実施条約の批准書をOECDの事務局に寄託しています。したがって、租税条約相手国が同様に批准書を寄託した場合は、当該相手国との租税条約については、BEPS防止措置実施条約の条項が取り込まれ、修正されることになります。

　ただし、平成31（2019）年2月現在、ノルウェーはBEPS防止措置実施条約の批准書を寄託していません。

（注）アイルランドは、平成31（2019）年1月29日にBEPS防止措置実施条約の批准書を寄託しており、日愛租税条約については、2019年5月1日以降修正されることになります。

3 本件における課税関係

　ノルウェーは BEPS 防止措置実施条約第 7 条（1 ～ 6）の「取引の主たる目的に基づく条約の特典の否認に関する規定」の適用を選択しています。したがって、ノルウェーが同条約の批准書を既に寄託している場合といまだ寄託していない場合で、次のとおり、課税関係が異なることになります。

（1）ノルウェーが BEPS 防止措置実施条約の批准書を既に寄託している場合

　ノルウェーが同条約の批准書を既に寄託している場合は、日ノルウェー租税条約に「条約の濫用の防止」条項が取り込まれています。

　そうすると、事実認定によりますが、税務調査において、本件契約は実質的にアイルランド法人 I 社と締結したものであり、ノルウェー法人 N 社との契約締結は日ノルウェー租税条約の特典を享受することが主たる目的であるとして、本件リース料について、国内源泉所得である使用料として、国内法の税率 20.42％、又は、租税条約に関する届出書を提出したとしても日愛租税条約の限度税率 10％で源泉所得税の納税告知処分を受ける可能性があります。

（2）ノルウェーが BEPS 防止措置実施条約の批准書をいまだ寄託していない場合

　N 社は、現にノルウェーの居住者として本件航空機を保有しており、現行の日ノルウェー租税条約が適用されるところ、同条約においては、事例のとおり、船舶及び航空機は不動産とはみなされず（第 6 条 2）、その貸付け対価は使用料にも該当しないことから（第 12 条 3）、事業所得条項（第 7 条）が適用されるところ、N 社は日本に PE を有しないことから、本件リース料は、日本では課税されないこととなります。

ADVICE
顧問先へのアドバイス

○ BEPS防止措置実施条約の批准書の寄託の状況もチェック

　租税条約の相手国が、BEPS防止措置実施条約の批准書を寄託すること
により、既存の租税条約にBEPS防止措置実施条約の条項が取り込まれ
ることとなった場合には、財務省ホームページ（トップページ＞税制＞わ
が国の税制の概要＞国際課税＞租税条約に関する資料＞BEPS防止措置
実施条約に関する資料）に統合条文が掲載されることになっています。

　租税条約の適用関係を確認する場合には、財務省ホームページに統合条
文が掲載されているかどうかを確認し、統合条文が掲載されている場合に
は、その統合条文を参照することになります。

Ⅴ　税務調査における指摘事例と留意事項

10　非居住者等による人的役務提供事業の対価に関する事例

　非居住者等が国内において一定の能力を有する人材に役務提供させることや、一定の能力を有する非居住者個人が国内において役務提供をすることにより得る対価（所法 161 条 1 項 6 号）は、一般に「人的役務提供事業の対価」といわれており、この対価を支払う者は、その支払に際し、税率20.42％で所得税を源泉徴収して納付することになります（所法 212 条 1 項、213 条 1 項）。人的役務提供事業の対価は事業所得であり、これを得る非居住者等は最終的には総合課税により申告納税する（所法 164 条 1 項 2 号、法法 141 条 2 号）ことになりますが、非居住者等が国内に恒久的施設（PE）を有しない場合でも申告する必要があるため、納税確保のためにその支払段階で源泉徴収課税されます。

　課税対象となる人的役務提供事業の範囲については、国内法と租税条約とでは異なっており、国内法には次の 3 つの役務提供に係る事業が挙げられています（所令 282 条 1 号〜 3 号）。

①　芸能人又は職業運動家（以下「芸能人等」といいます。）の役務提供（所令 282 条 1 号）

②　弁護士、公認会計士、建築士等の自由職業者（以下「自由職業者」といいます。）の役務提供（所令 282 条 2 号）

③　専門的知識又は特別の技能を有する者（以下「特別技能者等」といいます。）のその知識又は技能を活用して行う役務提供（所令 282 条 3 号）

　一方、一般的な租税条約において課税対象とされる人的役務提供事業の範囲は、芸能人等の役務提供に限定されています（OECD モデル租税条約第 17 条）。ただし、課税対象となる所得については、芸能人等個人が得る所得（同条 1）と芸能人等が所属する事務所（以下「芸能法人等」といいます。）が得る所得（同条 2）とに区分されています。

　租税条約によっては同条 2 のような規定がなく、芸能法人等が得る所得

については、国内に PE を有しない限り免税（以下、この場合の芸能法人等を「免税芸能法人等」といいます。）となる租税条約もあります。また、税務調査でよく問題となる日印租税条約における「技術上の役務に対する料金」は、同条約第 12 条において使用料と並列して規定されています。

ここでは、【事例 22】で芸能法人等のケース、【事例 23】で日印租税条約における技術役務提供のケース、【事例 24】で国内法が適用される特殊技能者等のケースを取り上げます。

V 税務調査における指摘事例と留意事項

事例22 | 米国シンガーの来日公演の対価

事例の概要

　米国の女性シンガーＳさんの来日公演を企画、実現した内国法人Ａ社は、Ｓさんが所属する米国法人Ｂ社との間で締結したＳさんの来日公演に係る契約に基づいて、次の金額を支払いました。

　なお、Ｂ社は日本国内に恒久的施設（PE）を有していません。

① 　Ｓさん来日前の支度金：USD200,000

（１USD＝110円換算で2,200万円相当額）

② 　Ｓさん来日に係る交通費、宿泊費相当額：USD500,000

（１USD＝110円換算で5,500万円相当額）

（注）ホテルの手配はＡ社が行いましたが、ホテルに対する支払はＢ社が行っています。

③ 　Ｓさん公演料（５公演分）：USD5,000,000

（１USD＝110円換算で５億5,000万円相当額）

　また、Ａ社は、Ｂ社の要請を受け、別途Ｓさんの公演の前座として演奏するバンドの出演契約をＢ社と締結し、Ｂ社に対し、前座出演のために来日したバンドＴの出演料、交通費、宿泊費等全て込みで次の金額を支払いました。ただし、Ａ社はバンドの前座出演はあくまでもＳさんの来日公演の条件と考えており、どのようなバンドが来日するかはＢ社の裁量に任せており、契約書には来日するバンドの具体的な名称は記載されていません。

④ 　バンドＴ出演料（５公演分）：USD100,000

（１USD＝110円換算で1,100万円相当額）

186

（A 社の対応）

　A 社は、①及び③については、その支払に際して税率 20.42％で所得税を源泉徴収して納付しましたが、②については実費弁償であり、④については日米租税条約第 16 条（芸能人）2 ただし書が適用できると考え、所得税を源泉徴収していませんでした。

税務調査官の指摘事項

　②の交通費、宿泊費相当額については、A 社は航空会社やホテルに交通費、宿泊費を直接支払っていないので、人的役務提供の対価として、①及び③と同様、所得税を源泉徴収して納付する必要がある。

　また、④のバンド T の出演料については、確かにバンド T の出演は B 社が指名しており、日米租税条約第 16 条（芸能人）2 ただし書に該当するが、その支払に際してはいったんは税率 20.42％で所得税を源泉徴収して納付する必要がある。仮に「免税芸能法人等に関する届出書」が提出されていれば、その税率は 15.135％に軽減されるが、A 社の源泉徴収義務が免除されることはない。

　ただし、B 社がバンド T に係る免税芸能法人として源泉徴収された所得税額は、B 社がバンド T のメンバーに対して日本における役務の提供に対する報酬を支払う際に税率 20.42％で所得税を源泉徴収して納付した後に、「租税条約に関する芸能人等の役務提供事業の対価に係る源泉徴収税額の還付請求書」を提出することにより還付される。この場合、還付金の一部をその納付すべき所得税に充当することもできる。

　なお、B 社は、S さんの公演に係る利益について、法人税の申告をする必要がある。

Ⅴ　税務調査における指摘事例と留意事項

解説

1　国内法及び日米租税条約における「芸能人等」の取扱い

（1）国内法

　所得税法第 161 条第 1 項第 6 号は「国内において人的役務の提供を主たる内容とする事業で政令で定めるものを行う者が受ける当該人的役務の提供に係る対価」は国内源泉所得であると規定しており、政令で定める「人的役務の提供を主たる内容とする事業」（以下「人的役務提供事業」といいます。）として、「映画若しくは演劇の俳優、音楽家その他の芸能人又は職業運動家の役務の提供を主たる内容とする事業」（以下、芸能人及び運動家を「芸能人等」といいます。）が掲げられています（所令 282 条 1 号）。

（2）日米租税条約第 16 条（芸能人）

　日米租税条約第 16 条（芸能人）は次のとおり規定していますが、同条 1 は個人事業者としての芸能人等に対する対価に関する規定であり、同条 2 は芸能人等が所属する事務所（以下「芸能法人等」といいます。）に対する対価に関する規定となります。

　これらは事業所得ではありますが、同条 1 ただし書及び同条 2 ただし書の場合を除き、いずれも国内に PE を有しない場合でも課税されることになります。

日米租税条約第 16 条

1　一方の締約国の居住者である個人が演劇、映画、ラジオ若しくはテレビジョンの俳優、音楽家その他の芸能人又は運動家として他方の締約国内で行う個人的活動によって取得する所得（第 7 条及び第 14 条の規定に基づき当該他方の締約国において租税を免除される所得に限る。）に対しては、当該他方の締約国において租税を課することができる。ただし、当該芸能人又は運動家がそのような個人的活動によって取得した総収入の額（当該芸能人若しくは運動家に対して弁償される経費又は当該芸能人若しくは運動家に代わって負

担される経費を含む。）が当該課税年度において１万合衆国ドル又は日本円によるその相当額を超えない場合は、この限りでない。

2　一方の締約国内で行う芸能人又は運動家としての個人的活動に関する所得が当該芸能人又は運動家以外の者（他方の締約国の居住者に限る。）に帰属する場合には、当該所得に対しては、第７条及び第14条の規定にかかわらず、当該個人的活動が行われる当該一方の締約国において租税を課することができる。ただし、そのような個人的活動に関する契約において、当該所得が帰属する者が当該個人的活動を行う芸能人又は運動家を指名することができる場合は、この限りでない。

2　日米租税条約における免税芸能法人等

（1）日米租税条約第16条２ただし書における免税芸能法人等

日米租税条約第16条（芸能人）２ただし書は、非居住者である芸能法人等が役務提供を行う芸能人等を指名することができる場合には、免税芸能法人等になる旨規定しています。

この芸能人等を指名できるかどうかの判定は、基本的には契約書で判断することになるでしょう。ただし、事実認定による実質判断の可能性がないわけではありません。

（2）日米租税条約における芸能法人等と免税芸能法人等の区分

本事例においては、Ｂ社は、Ｓさんに関しては免税とならない芸能法人等（日米租税条約第16条２本文）に該当し、バンドＴに関しては免税芸能法人等（同条２ただし書）に該当することになります。

日米租税条約においては、稀にではありますが、本事例のＢ社のように同一法人が芸能法人等と免税芸能法人等に該当する場合があります。この場合、所得税基本通達161-20（人的役務の提供を主たる内容とする事業等の範囲）が、事業のどの範囲が人的役務提供事業に該当するのかについて、国内における人的役務の提供に関する契約ごとに、その契約に基づ

く人的役務の提供が所得税法施行令第 282 条各号の事業に該当するかどう
かにより判定する旨定めていることからすれば、同一法人であっても契約
ごとに判断することになると考えられます。

3　芸能法人等及び免税芸能法人等に対する源泉徴収の方法

　芸能法人等に所属する芸能人等が国内で役務提供を行った場合の所得税
の源泉徴収の方法は、支払者が芸能法人等に対して支払った対価（所法
161 条 1 項 6 号）について税率 20.42％で所得税を源泉徴収します。そして、
その芸能法人等が所属芸能人等に支払う役務の提供に対する報酬（所法
161 条 1 項 12 号イ）については、その芸能法人等が受領した対価の中か
らその報酬を支払う際に所得税を源泉徴収したものとみなされます（所法
215 条）。

　芸能法人等が免税芸能法人等である場合であっても、その対価について
はいったん税率 20.42％で所得税を源泉徴収して納付することになります
が（措法 41 条の 22 第 1 項、実特法 3 条 1 項）、その源泉徴収税額は、免
税芸能法人等が所属芸能人等に支払う役務の提供に対する報酬から税率
20.42％で所得税を源泉徴収して納付した後に、「租税条約に関する芸能人
等の役務提供事業の対価に係る源泉徴収税額の還付請求書（様式 12）」を
提出することにより還付されます。この場合、還付金の一部をその納付す
べき所得税に充当することもできます（実特法 3 条 2 項、3 項）。なお、「免
税芸能法人等に関する届出書」を提出している免税芸能法人等については、
いったん源泉徴収される所得税の税率が 15.135％に軽減されます（措法
41 条の 22 第 3 項、措令 26 条の 32 第 3 項）。

4　対価の範囲

　芸能人等の人的役務の提供に係る対価の範囲については、次の通達があ
ります。

所得税基本通達 161-19（旅費、滞在費等）

　法第 161 条第 1 項第 6 号に掲げる対価には、非居住者が同号に規定

する人的役務を提供するために要する往復の旅費、国内滞在費等の全部又は一部を当該対価の支払者が負担する場合におけるその負担する費用が含まれることに留意する。ただし、その費用として支出する金銭等が、当該人的役務を提供する者に対して交付されるものでなく、当該対価の支払者から航空会社、ホテル、旅館等に直接支払われ、かつ、その金額がその費用として通常必要であると認められる範囲内のものであるときは、この限りでない。

所得税基本通達161-22（芸能人等の役務の提供に係る対価の範囲）

令第282条第1号に掲げる芸能人又は職業運動家の役務の提供を主たる内容とする事業に係る法第161条第1項第6号に掲げる対価には、国内において当該事業を行う非居住者又は外国法人が当該芸能人又は職業運動家の実演又は実技、当該実演又は実技の録音、録画につき放送、放映その他これらに類するものの対価として支払を受けるもので、当該実演又は実技に係る役務の提供に対する対価とともに支払を受けるものが含まれる。

（注）　（省略）

5　本事例における課税関係

（1）源泉所得税

税務調査官の指摘のとおりです。

B社が、Sさんの公演については免税芸能法人等に該当せず、バンドTの出演については免税芸能法人等に該当することについてはやや違和感があるかもしれませんが、上記2（2）のとおり、契約ごとに判断することになると考えます。

（2）所得税及び法人税

イ　Sさん及びバンドTのメンバーは、日本における役務提供に係る報酬等につき所得税を総合課税により申告する必要があります。

ロ　B社は、Sさんの公演について、A社から受領したSさんの公演に

係る支度金、交通費・宿泊費相当額及び公演料を収入金額とし、Ｓさ
んへの報酬、交通費、ホテル代等Ｓさんの公演に係る支出を原価等
として、法人税の申告をする必要があります。

DVICE
A 顧問先へのアドバイス

○ 租税条約における「芸能人等」、「芸能法人等」の取扱いは租税条約により異なる

日本が締結している租税条約における「芸能人等」、「芸能法人等」の取
扱いは、OECD モデル租税条約第 17 条（芸能人及び運動家）の規定をベー
スとしつつも、次の（1）～（3）のようにいくつかのバリエーションが
あり、日米租税条約の場合のようにただし書等によって条文を付加したり、
芸能人条項に 2 を規定せずに国内に PE を有しない芸能法人等については
全て免税にしたりしています。

芸能人等、芸能法人等に対して人的役務提供の対価を支払う場合には、
適用される租税条約を確認し、課税関係を判断する必要があります。

OECD モデル租税条約第 17 条（芸能人及び運動家）

1　第 15 条（筆者注：給与所得条項）の規定にかかわらず、一方の
締約国の居住者が演劇、映画、ラジオ若しくはテレビジョンの俳優、
音楽家その他の芸能人又は運動家として他方の締約国内で行う個人
的活動によって取得する所得に対しては、当該他方の締約国におい
て租税を課することができる。（筆者注：芸能人等が個人事業者と
して取得する所得）

2　芸能人又は運動家としての個人的活動に関する所得が当該芸能人
又は運動家以外の者に帰属する場合には、当該所得に対しては、第
15 条の規定にかかわらず、当該芸能人又は運動家の活動が行われ
る締約国において租税を課することができる。（筆者注：芸能人等

が所属する芸能法人等が取得する所得）

（1）芸能人等の個人事業所得及び芸能法人等の所得ともに課税〔OECD
モデル租税条約準拠〕

　⇒日英租税条約、日独租税協定その他多数の租税条約

（2）特別の文化交流計画によるものは、芸能人等の個人事業所得及び芸
能法人等の所得ともに免税（日本の条約例）

　⇒日加租税条約、日星租税条約その他多数の租税条約

（3）芸能法人等は免税

・芸能人条項に2がない租税条約（芸能法人等は全て免税）

　⇒日エジプト租税条約、日瑞租税条約、日ザンビア租税条約、日スリ・
ランカ租税条約

・ワンマン・カンパニーについては課税とする租税条約

　⇒日伊租税条約、日西租税条約

・契約において芸能人等が指名されていない場合は免税とする租税条約

　⇒日米租税条約

（4）その他

・特別の文化交流計画により、かつ、公的資金等の実質的援助によるもの
は、芸能人等の個人事業所得及び芸能法人等の所得ともに免税とする租
税条約

　⇒日ノルウェー租税条約、日比租税条約

Ⅴ　税務調査における指摘事例と留意事項

| 事例 23 | 日印租税条約における技術役務提供の対価 |

事例の概要

　内国法人Ａ社は、社内における業務管理システムを大幅に見直すことになり、そのシステム構築をインド法人Ｂ社に1,000万円で開発委託することにしました。

　Ｂ社は、Ａ社に技術者を派遣し、Ａ社と協議しながら必要なシステム開発を行っていますが、基幹システムの開発についてはインド本社で行い、これをＡ社内の業務管理にあわせて調整しながらシステムを構築する作業については、Ａ社に派遣している技術者に行わせていました。

　なお、Ｂ社は日本国内に恒久的施設（PE）を有していません。

（Ａ社の対応）

　Ａ社は、業務管理システムの納品を受け、1,000万円の対価（以下「本件対価」といいます。）を支払いましたが、日印租税条約においては国内源泉所得となる「技術上の役務に対する料金」については所得税を源泉徴収する必要があると認識しており、Ｂ社から受領した請求書に、その対価の40％相当額（400万円）が日本に派遣された技術者の作業の対価であり、60％相当額（600万円）がインド本社の開発チームの作業の対価であることが記載されていたため、「租税条約に関する届出書」を提出し、日本国内における役務提供の対価である400万円に対して日印租税条約上の限度税率10％で所得税を源泉徴収して納付しました。

税務調査官の指摘事項

　日印租税条約における「技術上の役務に対する料金」については、所得源泉地は債務者主義により判定されるので、本件対価については、その全

194

額について所得税を源泉徴収して納付する必要がある。

したがって、本件対価のうち600万円についても所得税を源泉徴収して納付する必要がある。なお、「租税条約に関する届出書」を提出（600万円につき追加提出又は400万円に係る届出書を訂正）すれば、税率は10%となる。

解説

1 　国内法及び租税条約における「人的役務提供事業の対価」の取扱い

次の**（1）**及び**（2）**のとおり、「人的役務提供事業の対価」について規定する国内法と日印租税条約（第17条）とでは、その役務提供地国に課税権が配分される役務提供の範囲が異なっています。さらに、日印租税条約においては、次の**（3）**のとおり、いわゆる使用料条項（第12条）に「技術役務提供の対価」も並列して規定し、債務者主義により所得源泉地を判定することとしていることに特徴があります。

（1）所得税法における「人的役務提供事業の対価」の取扱い

所得税法第161条（国内源泉所得）第1項第6号は、「国内において人的役務の提供を主たる内容とする事業で政令で定めるものを行う者が受ける当該人的役務の提供に係る対価」とし、所得税法施行令第282条（人的役務の提供を主たる内容とする事業の範囲）として、次の3つの事業を掲げています。

① 映画若しくは演劇の俳優、音楽家その他の芸能人又は職業運動家の役務の提供を主たる内容とする事業（第1号）

② 弁護士、公認会計士、建築士その他の自由職業者の役務の提供を主たる内容とする事業（第2号）

③ 科学技術、経営管理その他の分野に関する専門的知識又は特別の技能を有する者の当該知識又は技能を活用して行う役務の提供を主たる内容とする事業（……）（第3号）

V　税務調査における指摘事例と留意事項

（2）日印租税条約第 17 条における「人的役務提供事業の対価」の取扱い

　日印租税条約第 17 条（芸能人）は、OECD モデル租税条約第 17 条（芸能人及び運動家）とほぼ同様の規定であり、次のとおり、人的役務提供による所得及び人的役務提供事業の対価については、芸能人及び運動家についてのみ、役務提供地国に課税権を配分しています。

日印租税条約第 17 条

1　　第 14 条及び第 15 条の規定にかかわらず、一方の締約国の居住者である個人が演劇、映画、ラジオ若しくはテレビジョンの俳優、音楽家その他の芸能人又は運動家として他方の締約国内で行う個人的活動によって取得する所得に対しては、当該他方の締約国において租税を課することができる。

（以下省略）

2　　一方の締約国内で行う芸能人又は運動家としての個人的活動に関する所得が当該芸能人又は運動家以外の他方の締約国の居住者である者に帰属する場合には、当該所得に対しては、第 7 条、第 14 条及び第 15 条の規定にかかわらず、当該一方の締約国において租税を課することができる。

（以下省略）

（3）日印租税条約第 12 条における「使用料及び技術上の役務に対する料金」の取扱い

　日印租税条約においては、上記（2）の第 17 条のほか、本事例の対象となる「技術上の役務に対する料金」について、第 12 条（使用料及び技術上の役務に対する料金）において、次のとおり規定しています。

> **日印租税条約第 12 条**
>
> 4　この条において、「技術上の役務に対する料金」とは、技術者その他の人員によって提供される役務を含む経営的若しくは技術的性質の役務又はコンサルタントの役務の対価としてのすべての支払金（……）をいう。〔定義規定〕
>
> 6　使用料及び技術上の役務に対する料金は、その支払者が一方の締約国又は当該一方の締約国の地方政府、地方公共団体若しくは居住者である場合には、当該一方の締約国内において生じたものとされる。（後略）　〔所得源泉地規定〕

2　日本における国内法及び日印租税条約の適用

（1）人的役務提供事業の範囲と所得源泉地

　本事例においてB社が行う人的役務提供事業は、国内法上は所得税法施行令第 282 条第 3 号の「専門的知識又は特別の技能を有する者の当該知識又は技能を活用して行う役務の提供を主たる内容とする事業」に該当し、日印租税条約上は第 12 条 4 の「技術者その他の人員によって提供される役務を含む……技術的性質の役務……の対価」に該当します。一方、その所得源泉地については、前者が役務提供地で判定するのに対して後者は債務者主義で判定することとしており、この場合、所得源泉地置換え規定（所法 162 条）により、日印租税条約の債務者主義により判定することになります。

　したがって、インド法人B社の従業員が行った技術役務提供については、日本国内で行った役務提供のみならず、インド国内で従業員が行った技術役務提供についても、A社が支払う対価は全て国内源泉所得として課税されることになります。

（2）課税方法

イ　源泉徴収課税

　　租税条約により課税権が配分された国内源泉所得に対する課税方法については国内法に委ねられていますので、本件対価については、まず、国内法の税率20.42％で所得税を源泉徴収することになりますが（所法212条1項、213条1項1号）、日印租税条約第12条2は、技術上の役務に対する料金の額の10％を限度（軽減）税率と規定していますので、「租税条約に関する届出書」を提出することにより税率は支払金額の10％に軽減されます。

ロ　法人税申告

　　さらに、人的役務提供事業の対価については、B社が日本国内にPEを有していなくても法人税の申告をすることになります（法法138条1項4号（法令179条3号）、法法141条2号）。

　　なお、法人税の課税標準（国内源泉所得に係る所得）について計算した法人税額が日印租税条約の限度税率10％により計算した金額を超えるときは、その超える金額に相当する法人税額が軽減されることになります（実特法4条）。

3　本事例における課税関係

（1）源泉所得税

　税務調査官の指摘のとおりです。

（2）法人税

　B社は日本国内にPEを有していなくても法人税の申告をすることになりますが、「租税条約に関する届出書」を提出していれば、その法人税額は支払金額の10％に相当する金額（100万円）が限度となります。

　したがって、B社が本件対価に係る法人税の課税標準を算定する場合、収入金額1,000万円に対して、最低限役務提供に係る人件費が原価となりますので、仮に、人件費等の原価等を控除した法人税の課税標準が400万円で、計算した法人税額が120万円であった場合、法人税額20万円が軽

減され、追加納付の必要はありません。また、法人税の課税標準が300万円で、計算した法人税額が90万円であった場合、源泉所得税10万円が還付されることになります。

ADVICE
顧問先へのアドバイス

○ インド法人と取引がある場合の確認事項

日本企業がインド企業と取引をしている場合、次のことを確認することが肝要です。

（1）対価が「技術上の役務に対する料金」に該当するか否かの確認

本事例のように、日本企業がインド企業にIT関連の業務委託をする場合、その業務の対価が日印租税条約における「技術上の役務に対する料金」に該当するか否かを確認する必要があります。

その対価が日印租税条約における「技術上の役務に対する料金」に該当する場合は、「租税条約に関する届出書」を提出するとともに、所得税を源泉徴収して納付する必要があります。

（2）源泉徴収税額についてグロスアップにより計算するか否かの確認

契約書に税負担条項があり、日本企業が税負担すると規定されている場合には、源泉徴収税額をグロスアップにより計算する必要があります。

なお、この場合は、インド企業は法人税の申告も行う必要がありますので、あらかじめインド企業に対し、日本企業を納税管理人とする「納税管理人の届出書」の作成、提供を求めておくことも考えられます。

199

Ⅴ　税務調査における指摘事例と留意事項

事例24 パイロット派遣の対価

事例の概要

　内国法人Ａ社は、ドミニカ共和国法人Ｄ社から航空機の操縦に従事する乗務員（以下「本件派遣パイロット」といいます。）の派遣を受け、派遣の対価（以下「本件派遣対価」といいます。）を支払っています。

　Ａ社とＤ社との派遣契約（以下「本件派遣契約」といいます。）においては、派遣パイロットについて、①国際民間航空機関（ICAO）加盟国であり、国際民間航空条約の締約国である外国の政府が授与した航空業務の技能に係る資格を有していること、②総飛行時間が3,000時間以上であること、③一定の大型ジェット旅客機の操縦士として一定の経験を有していること等の資格要件が定められています。

　なお、Ｄ社は日本国内に恒久的施設（PE）を有していません。

（Ａ社の対応）

　Ａ社は、本件派遣パイロットについては、来日してから同社において運航する航空機を機長として操縦するための資格を取得すること、日本の定期運送用操縦士（飛行機）としての資格を取得すること等から、所得税法施行令第282条第3号に規定する「科学技術、経営管理その他の分野に関する専門的知識又は特別の技能を有する者」（以下「特別技能者等」といいます。）には該当しないと考え、本件派遣対価について、所得税法第161条第1項第6号に規定する人的役務提供事業の対価として所得税を源泉徴収していませんでした。

税務調査官の指摘事項

　本件派遣パイロットは、本件派遣契約における上記①～③の資格要件を

200

満たしていることからすれば、派遣時における航空機の操縦に関する知識又は技能については、航空機の操縦の分野に関する一般的な知識又は技能のレベルを相当程度超える高度な知識又は技能であると認められ、特別技能者等に該当する。

したがって、A社は、本件派遣対価の支払に際し所得税を源泉徴収して納付する必要がある。

なお、D社は、本件派遣対価に係る損益について、法人税の申告をする必要がある。

解説

本事例については、日本はドミニカ共和国と租税条約を締結していないため、国内法のみで課税関係を判断することになります。

非居住者等の事業所得については、基本的には国内にPEを有しなければ課税対象とはなりませんが、政令で定める一定の「人的役務の提供を主たる内容とする事業」（以下「人的役務提供事業」といいます。）の対価については、国内にPEを有しなくても課税対象となります。

D社が日本国内で行っているのは人的役務提供事業と考えられますので、その事業が政令で定める人的役務提供事業に該当するか否かが問題となります。

1　国内源泉所得となる人的役務の提供を主たる内容とする事業の範囲（国内法）

所得税法第161条第1項第6号は、「国内において人的役務の提供を主たる内容とする事業で政令で定めるものを行う者が受ける当該人的役務の提供に係る対価」は国内源泉所得であると規定していますが、政令で定める人的役務提供事業とは、次に掲げるものとなります（所令282条1号～3号）。

① 映画若しくは演劇の俳優、音楽家その他の芸能人又は職業運動家の役務の提供を主たる内容とする事業（第1号）

201

② 弁護士、公認会計士、建築士その他の自由職業者の役務の提供を主たる内容とする事業（第2号）

③ 科学技術、経営管理その他の分野に関する専門的知識又は特別の技能を有する者の当該知識又は技能を活用して行う役務の提供を主たる内容とする事業（……）（第3号）

2 国際課税分野における人的役務提供事業とは

国際課税の分野においては、次の**（1）**のとおり、芸能人やプロスポーツ選手等が提供する事業所得となる人的役務の対価と、給与所得者等が提供する給与所得となる人的役務の対価とは課税上区分され、また、次の**（2）**のとおり、事業所得となる人的役務の対価については、課税対象となる事業の範囲が国内法と租税条約で異なっています。

（1）人的役務提供の対価の区分

国内法においては、事業所得となる人的役務の対価は上記**1**のとおりであり、給与所得となる人的役務の対価については、所得税法第161条第1項第12号イにおいて「俸給、給料、賃金、歳費、賞与又はこれらの性質を有する給与その他人的役務の提供に対する報酬のうち、国内において行う勤務その他の人的役務の提供（……）に基因するもの」（給与所得）と規定しています。

また、租税条約においても、前者（OECDモデル租税条約第17条（芸能人及び運動家））と後者（同条約第15条（給与所得））は区分して規定しています。

（2）人的役務提供事業の対価の種類

その対価が国内源泉所得となる人的役務提供事業については、一般的な租税条約が、上記**（1）**のとおり、芸能人及び運動家に係る役務提供事業に限定されるのに対し、国内法においては、上記**1**のとおり、芸能人及び運動家に係る役務提供事業（所令282条1号）に加え、弁護士・公認会計士等（自由職業者）に係る役務提供事業（所令282条2号）及び特別技能者等を活用して行う役務提供事業もその範囲に含めています。

3　本事例における課税関係

本事例においては、本件派遣パイロットが、①ICAO加盟国における
パイロットとしての資格を有していること、②本件派遣契約において要求
されている資格要件を満たしていること、及び③事実としてパイロットと
して一定の経験を有していることから、本件派遣対価は、所得税法第161
条第1項第6号（法人税法第138条第1項第4号）に規定する人的役務の
提供に係る対価に該当します。

（1）源泉所得税

税務調査官の指摘のとおり、A社は、本件派遣対価の支払に際し所得
税を源泉徴収して納付する必要があります（所法212条1項）。

（2）法人税

D社は、本件派遣対価に係る損益について法人税の申告を行う必要があ
ります（法法141条2号）。

ADVICE
顧問先へのアドバイス

1　日本と租税条約を締結していない国の居住者等に支払う人的役務提供事業の対価

本事例のように、日本と租税条約を締結していない国の非居住者等に対
して人的役務提供事業の対価を支払う場合には、芸能人や運動家の役務提
供対価のみならず、いわゆる自由職業所得や特別技能者等を活用して行う
役務提供事業の対価に該当する場合にも、その対価の支払に際して所得税
を源泉徴収する必要があります。

2　特別技能者等を活用して行う役務提供事業に該当しない事業

所得税法施行令第282条第3号（法人税法施行令第179条第3号）かっ
こ書は、特別技能者等を活用して行う役務提供事業から「機械設備の販売
その他事業を行う者の主たる業務に付随して行われる場合における当該事
業」を除いています。

V 税務調査における指摘事例と留意事項

　この除かれる事業については、所得税基本通達161-25（機械設備の販売等に付随して行う技術役務の提供）において、次のとおり定められています（法人税基本通達20-2-12もほぼ同じ内容です。）。

所得税基本通達161-25（機械設備の販売等に付随して行う技術役務の提供）

　令第282条第3号に掲げる「科学技術、経営管理その他の分野に関する専門的知識又は特別の技能を有する者の当該知識又は技能を活用して行う役務の提供を主たる内容とする事業」から除かれる「機械設備の販売その他事業を行う者の主たる業務に付随して行われる場合における当該事業」とは、次に掲げるような行為に係る事業をいう。

（1）　機械設備の販売業者が機械設備の販売に伴い販売先に対し当該機械設備の据付け、組立て、試運転等のために技術者等を派遣する行為

（2）　工業所有権、ノーハウ等の権利者がその権利の提供を主たる内容とする業務を行うことに伴いその提供先に対しその権利の実施のために技術者等を派遣する行為

（注）（省略）

3　特別の技能者等を活用して行う役務提供事業の事実認定に参考となる裁決（平成24年10月24日裁決）

　所得税法施行令第282条第3号の特別技能者等を活用して行う役務提供事業については、同条第1号の芸能人等や同条第2号の自由職業者のように役務の内容や資格が客観的に明確であるわけではないことから、事実認定が重要となります。その事実認定の在り方の参考となるのが平成24年10月24日裁決です。本事例のベースにもなっていますので参照するとよいでしょう（国税不服審判所ホームページ：ホーム＞公表裁決事例集等の紹介＞公表裁決事例＞平成24年10月〜12月分（裁決事例集 No.89）＞（外

国法人の納税義務（国内源泉所得））。

V 税務調査における指摘事例と留意事項

11 非居住者等が受領する使用料に関する事例

　非居住者等に国内源泉所得となる配当、利子、使用料（所法 161 条 1 項 8 号～ 11 号）を支払う場合は、支払者は所得税を源泉徴収して納付する必要があります（所法 212 条 1 項）。これらは源泉分離課税となります。源泉税率は国内法は 20.42％ですが（所法 213 条 1 項）、租税条約において税率 10％に軽減されたり、使用料については免税されたりする場合もあります。

　税務調査で問題となることが多いのは使用料です。例えば、ソフトウェアの開発委託の対価については、役務提供の対価であるのか、著作権の使用又は譲渡の対価であるのかが問題になります。国内法と租税条約における所得の定義規定や所得源泉地規定が異なる場合があり、その適用関係が問題になる場合もあります。

　また、特典条項を規定している租税条約における利子条項と使用料条項の適用、及び一部の旧東欧諸国との間の租税条約における文化的使用料の免税の適用においては、特典の適用を「居住者である受益者」に限定する受益者概念が導入されています。特に後者の適用について税務調査で問題になる場合があります。

　なお、租税条約により軽減、免除の特典のある使用料については、「租税条約に関する届出書」の提出が必要となりますが、特に特典条項がある租税条約の適用を受けるためには居住者証明書等の添付書類が必要となります。

　ここでは、【事例 25】でソフトウェアの開発委託のケース、【事例 26】で美術品の使用料のケースを取り上げます。また、【事例 27】で文化的使用料の適用における受益者のケース、【事例 28】で特典条項がある場合の租税条約に関する届出書のケースを取り上げます。

11 非居住者等が受領する使用料に関する事例

事例 25 ゲームソフト開発委託の対価

事例の概要

　ゲームソフトを企画開発する内国法人 A 社は、中国のゲームソフト開発会社 C 社にゲームソフト（以下「本件ゲームソフト」といいます。）の開発を委託しました。開発委託契約（以下「本件契約」といいます。）の主な内容は次のとおりであり、実際の開発作業も契約どおりに行われました。

① 　本件ゲームソフトのおおまかな内容は A 社が企画するが、登場人物のキャラクターやフィールド等については C 社が創作し、動作等に係るプログラムも C 社が開発する。

② 　A 社は、C 社に対し、委託開発費として 5,000 万円（以下「本件対価」といいます。）を支払う。

③ 　開発、引渡し後の本件ゲームソフトに係る著作権（以下「本件著作権」といいます。）は全て A 社に帰属し、C 社は本件著作権について一切権利を主張することはできない。

（A 社の対応）

　A 社は、本件契約は役務提供契約であり、本件著作権は原始的に A 社が取得するため、本件対価は、所得税法第 161 条第 1 項第 6 号の人的役務提供事業の対価に該当し、同項第 11 号の著作権の使用料等及び日中租税条約第 12 条の使用料には該当しないと考え、所得税を源泉徴収していませんでした。

税務調査官の指摘事項

　本件ゲームソフトの創作者は C 社であり、本件著作権は原始的に C 社

207

Ⅴ 税務調査における指摘事例と留意事項

が取得するところ、本件契約の本体をなす合意は、本件著作権を A 社が
取得することにあるから、本件対価は、C 社に帰属する本件著作権を A
社に移転する譲渡対価に該当する。

　日中租税条約においては、著作権の譲渡の対価は、第 12 条の使用料条
項ではなく、第 13 条の譲渡所得条項の 4 が適用され、日本国内で生ずる
ものに対しては、日本で課税できると解されている。そして、本件著作権
の譲渡に係る所得源泉地については、所得税法第 161 条第 1 項第 11 号の
著作権の譲渡の対価における「国内において業務を行う者から受ける対価
で、当該業務に係るもの」が適用されるため、日本の国内源泉所得となり、
税率 20.42％で所得税を源泉徴収して納付することになる。

解説

1　国内法及び租税条約における「著作権の使用料」と「著作権の譲渡対価」の取扱い

　所得税法においては、次の（**1**）のとおり、著作権の使用料も譲渡対価
も国内業務に係るものは国内源泉所得とされるところ、日中租税条約にお
いては、次の（**2**）のとおり、「著作権の使用料」については使用料条項、
「著作権の譲渡対価」については譲渡所得条項が適用され、その対価を国
内で業務を行う者が支払い、その著作権を国内業務に使用等する場合には、
日本に課税権が配分されることから、日本で課税されることになります。

（1）所得税法における「著作権の使用料」と「著作権の譲渡対価」の取扱い

　所得税法第 161 条（国内源泉所得）第 1 項第 11 号は、「国内において業
務を行う者から受ける次に掲げる使用料又は対価で当該業務に係るもの」
として、「ロ　著作権（出版権及び著作隣接権その他これに準ずるものを
含む。）の使用料又はその譲渡による対価」を国内源泉所得と規定し、「著
作権の使用料」と「著作権の譲渡対価」の取扱いを区分していません。

208

（2）日中租税条約における「著作権の使用料」と「著作権の譲渡対価」の取扱いの相違

一方、日中租税条約においては、次のとおり、「著作権の使用料」と「著作権の譲渡対価」の取扱いが異なります。

① 日中租税条約第12条（使用料）

同条3は、「この条において、『使用料』とは、文学上、美術上若しくは学術上の著作物（映画フィルム及びラジオ放送用又はテレビジョン放送用のフィルム又はテープを含む。）の著作権……の使用若しくは使用の権利の対価として……受領するすべての種類の支払金をいう」と「使用料」を定義していますが、ここでいう「すべての種類の支払金」には、権利を一切残さない譲渡の対価は含まないと解されています。

また、同条5は、「使用料は、その支払者が……一方の締約国の居住者である場合には、当該一方の締約国内において生じたものとされる」と規定し、所得源泉地につき債務者主義を明記していますので、本件対価が日中租税条約上の使用料に該当する場合は、日本の国内源泉所得に該当します。ただし、同条2の限度税率10％が適用されることになります（一定の手続が必要）。

② 日中租税条約第13条（譲渡所得）

同条4は、「一方の締約国の居住者が1から3までに規定する財産以外の財産の譲渡によって取得する収益であって他方の締約国において生ずるものに対しては、当該他方の締約国において租税を課することができる」と規定していますが、所得源泉地については「他方の締約国において生ずるもの」とのみ規定し、その振分け規定がありません。この場合は、同条約第3条（一般的定義）2「一方の締約国によるこの協定の適用上、この協定において定義されていない用語は、文脈により別に解釈すべき場合を除くほか、この協定の適用を受ける租税に関する当該一方の締約国の法令における当該用語の意義を有するものとする。」が適用され、日本の所得税法の規定によるものと解されます。

そうすると、本件対価は、所得税法第161条第1項第11号イの著作権の譲渡対価に該当し、「国内において業務を行う者から受ける対価で、当該業務に係るもの」に該当するため、日本の国内源泉所得となります。

2　本件における著作権

（1）「著作物」及び「著作物の著作権」

日中租税条約第12条（使用料）は、上記1（2）①のとおり、「著作物」及び「著作物の著作権」について「文学上、美術上若しくは学術上の著作物（……）の著作権」とのみ規定し、明確な定義はされていません。この場合は、前述の同条約第3条（一般的定義）2が適用され、日本の所得税法の定義によることになりますが、同法にも定義規定がないため、日本の著作権法の定義を借用することになります。

本件ゲームソフトについてみると、日本の「著作権法の保護を受ける著作物とは、思想又は感情の創作的表現であって、文芸、学術、美術又は音楽の範囲に属するものをいい（第2条第1項第1号）、『映画の著作物』には、映画の効果に類似する視覚的又は視聴覚的効果を生ずる方法で表現され、かつ、物に固定されている著作物を含むとされているが（第2条第3項）、ロールプレイングゲームソフトは『プログラムの著作物』であるとともに『映画の著作物』に当たると解され」ますので（平成21年12月11日裁決。以下「平成21年裁決」といいます。）、本件ゲームソフトも著作物に該当し、これに係る著作権が生じることとなると考えられます。

（2）本件著作権を原始的に取得する「著作物の著作者」

「著作権法上の著作者とは、『著作物を創作する者』をいい（第2条第1項第2号）、著作者は著作権を原始的に取得することになるが（第17条）、この場合の『著作物を創作する者』とは、著作物の形成に当たって、その者の思想、感情を創作的に表現したと評価される程度の活動をする者のことをいうものと解されるから、当該著作物の形成に何らかの関与をしたとしても、その者の思想、感情を創作的に表現したと評価される程度の活動をしていない者は、創作した者ということはできないものと解される」（平

成 21 年裁決）ことから、本事例においては、本件著作権を原始的に取得する「著作物の著作者」は C 社と考えられます。

3　本件対価の性格

　上記2のとおり、本件ゲームソフトは著作物に該当し、本件著作権は C 社が原始的に取得したものと考えられます。そして、本件契約においては、契約が履行された後は、本件著作権は全て A 社に帰属し、C 社は本件著作権について一切権利を主張することはできないとされていることからすれば、本件契約の本体をなす合意は、本件著作権を A 社が取得することにあり、本件対価は、C 社に帰属する本件著作権を A 社に移転する譲渡対価に該当すると考えられます。

4　本件における課税関係

　以上のことからすれば、本件対価は、著作権の譲渡対価であり、日中租税条約第13条（譲渡所得）4が適用され、日本の国内源泉所得となる譲渡所得に該当しますが、これが国内法に取り込まれて課税される場合は、所得税法第161条第1項第11号イの著作権の譲渡対価とみなして課税されることになります。そして、同条約第12条（使用料）3の使用料には該当しないため10％限度税率は適用されず、本件対価については、国内法の税率20.42％で所得税を源泉徴収して納付することになります。

A DVICE
顧問先へのアドバイス

○　創作的活動をした者に著作権がある

　外国法人に開発委託したプログラム等の対価については、そのプログラム等が著作物に該当して著作権が発生する場合には、役務提供の対価であるのか、著作権の使用又は譲渡の対価であるのかについて、税務調査においてしばしば問題になります。

　上記のとおり、著作権を原始的に取得するのは「著作物の著作者」であり、著作物の著作者は「著作物の形成に当たって、その者の思想、感情を

創作的に表現したと評価される程度の活動をする者」であるところ、契約の内容や実際の役務提供等の内容から個別に判断されることになりますが、おおむね次のように区分できると考えられます。

（1）委託者がプログラムの著作物等の著作者になる場合

　例えば、著作物に該当するプログラム等の制作に当たり、委託者が受託者に対して詳細かつ具体的な指示等を行い、受託者はただその指示等に従って作業をしているだけのような場合には、委託者がプログラムの著作物等の著作者になると考えられます。

（2）受託者がプログラムの著作物等の著作者になる場合

　一方、例えば、委託者は受託者に対しておおまかな指示をするのみで、受託者が創意工夫してプログラムの著作物等を制作したと認められるような場合には、受託者がプログラムの著作物等の著作者になると考えられます。

（3）委託者及び受託者がプログラムの著作物等の共同著作者になる場合

　上記（1）（2）両方の要素がある場合は、委託者と受託者の双方が共同著作者になる場合もあると考えられます。

11 非居住者等が受領する使用料に関する事例

事例26 外国美術館に支払う美術品（現作品）の展示の対価

事例の概要

　イベントを企画する内国法人A社は、国内の美術館等における絵画展の企画を請け負い、期間中の展示の目玉としてチェコ共和国のM美術館から画家Fの絵画S（現作品）と画家Gの絵画T（現作品）を借用し、絵画Sの借用対価として2,000万円、絵画Tの借用対価として1,000万円、合計3,000万円を支払いました。

　チェコ共和国における著作権の保護期間は70年であるところ、画家Fは1961年に死亡し、死後の経過期間は58年、画家Gは1976年に死亡し、死後の経過期間は43年ですが、絵画S及び絵画Tの財産権としての著作権は画家F及び画家GからM美術館に譲渡されているとのことです。

　また、当該絵画の所有者であるM美術館は日本に恒久的施設（PE）を有していません。

（A社の対応）

　A社は、絵画S及び絵画Tのチェコ共和国での保護期間を経過しておらず、著作権はいまだ消滅していないため、絵画Sの借用対価2,000万円、絵画Tの借用対価1,000万円ともにチェコ共和国が引き継いだ日チェッコスロヴァキア租税条約第12条3（b）及び2（b）の「文化的使用料」に該当するものとして、所得税を源泉徴収していませんでした。

税務調査官の指摘事項

　絵画S及び絵画Tの展示地である日本における著作権の保護期間は50年であるため、絵画Tの借用対価である1,000万円については、著作物の著作権（展示権）の使用料であり、チェコ共和国が引き継いだ日チェッコ

213

Ⅴ 税務調査における指摘事例と留意事項

スロヴァキア租税条約第12条3（b）及び2（b）の「文化的使用料」に該当して免税となる。一方、絵画Sの借用対価である2,000万円については、日本においては著作権が消滅しており、絵画の著作物（備品）の使用の対価に過ぎず、同条3（a）及び2（a）の「産業上、商業上若しくは学術上の設備の使用」の対価に該当するため、租税条約に関する届出書を提出しなければ税率20.42％、同届出書を提出しても、租税条約上の限度税率10％で所得税を源泉徴収して納付することになる。

解説

1 国税庁ホームページ質疑応答事例「絵画等の賃貸料」

国税庁ホームページ（ホーム＞法令等＞質疑応答事例＞源泉所得税＞非居住者等所得＞31 絵画等の賃貸料）において、著作者の死後50年以上経過して著作権が消滅している絵画等の賃貸料については、租税条約の使用料条項に「産業上、商業上若しくは学術上の設備」の使用料等が規定されている場合には、日本の国内源泉所得として所得税の源泉徴収を要するとされており、その根拠について次のように説明されています。

（1）所得税法上の取扱い

非居住者（外国法人を含みます。以下同じ。）に対して支払う機械、装置及び用具（車輌、運搬具、工具、器具及び備品）の使用料は、源泉徴収の対象となる国内源泉所得に該当し（所法161条1項11号ハ、所令284条1項）、ここでいう「備品」には、美術工芸品、古代の遺物等も含まれることとされています（所基通161-39）。

したがって、所得税法上、非居住者に対して支払う絵画等の賃貸料は、その支払の際に源泉徴収を要することとなります（所法212条1項）。

（2）租税条約上の取扱い

例えば、日伊租税条約第12条では、「産業上、商業上若しくは学術上の設備」の使用料 については軽減税率を適用する旨を規定しています。ここでいう「設備」とは、英文では「equipment」が用いられており、

214

「equipment」は「設備」のほか「備品」の意味を有します。所得税法の取扱い上、前記のとおり「備品」には、美術工芸品、古代の遺物等も含まれることとしており、租税条約の適用に当たっても国内法と同様に絵画等は「設備」に含まれるものと解されます。

2　日チェッコスロヴァキア租税条約における「文化的使用料」と「工業的使用料」

チェコ共和国が引き継いだ日チェッコスロヴァキア租税条約第12条は、次のとおり、使用料を「文化的使用料」と「工業的使用料」とに区分して規定しています。

著作権の使用料が該当する文化的使用料については免税としていますが、著作権の保護期間を経過した絵画の使用料は「産業上、商業上若しくは学術上の設備」の使用の対価に該当するため工業的使用料となります。

・〔文化的使用料〕文学上、美術上又は学術上の著作物（映画フィルム及びラジオ放送用又はテレビジョン放送用のフィルム又はテープを含む。）の著作権の使用又は使用の権利の対価として受領される全ての種類の支払金

・〔工業的使用料〕特許権、商標権、意匠、模型、図面、秘密方式若しくは秘密工程の使用若しくは使用の権利の対価として、産業上、商業上若しくは学術上の設備の使用若しくは使用の権利の対価として、又は産業上、商業上若しくは学術上の経験に関する情報の対価として受領される全ての種類の支払金

3　著作権の保護期間

日本の著作権法は、著作権の保護期間について、著作者が著作物を創作した時点から著作者の死後50年までと規定していました（著作権法51条）。

（注）　平成30年12月30日施行の改正著作権法第51条は、著作物等の保護期間について、著作者の死後50年から70年に改正しましたが、施行日の前日に既に保護期間が切れているものについては適用がありません。

外国の著作物についても、日本は「文学的及び美術的著作物の保護に関

するベルヌ条約」に加盟しており、同条約による保護関係がある国については、内国民待遇（すなわち、改正著作権法施行日の前日までに既に死後50年を経過している場合は、著作権の保護期間は死後50年まで）によって保護されることになります（ベルヌ条約第7条（8））。ただし、相互主義によって、相手国の保護期間が日本より短い場合は、相手国の保護期間だけ保護すればよいことになっています（著作権法58条）。

　したがって、本事例においては、作者の死後43年しか経過していない絵画Tの借用対価1,000万円は著作物の著作権（展示権）の使用の対価であり、改正著作権法の施行日前に既に作者の死後50年以上が経過している絵画Sは著作権が消滅しており、その借用対価2,000万円は絵画の著作物（備品）の使用の対価ということになります。

4　本事例における課税関係

　税務調査官の指摘のとおり、次のとおりとなります。

（1）絵画Tの借用対価

　絵画Tの借用対価は、著作物の著作権（展示権）の使用の対価であり、租税条約に関する届出書を提出することにより免税となります。

（2）絵画Sの借用対価

　絵画Sは著作権が消滅しており、その借用対価は租税条約上の「設備の使用又は使用の権利の対価」に該当するため、租税条約に関する届出書を提出しなければ税率20.42％で、租税条約に関する届出書を提出すれば条約上の軽減税率10％で所得税を源泉徴収して納付することになります。

A DVICE 顧問先へのアドバイス

1　対価支払前

　上記のとおり、著作権が消滅している絵画等の美術品の賃貸料は、租税条約上の「産業上、商業上若しくは学術上の設備使用若しくは使用の権利の対価」及び所得税法第161条第1項第11号ハの「機械、装置その他政

令で定める用具の使用料」に該当し、国内源泉所得として源泉徴収の対象となります。

　国税庁は、質疑応答事例や所得税基本通達にこの解釈を公表していることから、対価を支払う相手先にその旨を説明し、所得税を源泉徴収することに理解を得ることが肝要です。

2　所得税を源泉徴収しておらず、税務調査で指摘された場合

　一方、上記の国税庁の質疑応答事例の解釈には、次のような疑問がないわけではありません。多額の課税を受けた場合は、美術館が所有し、展示されるような歴史的価値がある「美術品等」は、租税条約上の「産業上、商業上若しくは学術上の設備」に該当しないとして、再調査請求又は審査請求を行うことも考慮してもよいかもしれません。

（1）租税条約上の「設備」に「美術品等」が含まれると解せるか

　国税庁の質疑応答事例は、租税条約上の「設備」には英文で「equipment」が用いられているから「備品」が含まれると説明しています。しかし、租税条約は基本的に「正文である日本語と英語により本書2通を作成」するため、日本語も正文であるところ、日本語の正文に規定する「設備」の文言を軽視し、英語の「equipment」に着目して国内法の「備品」と同等とし、さらにその備品には美術品等が含まれるという解釈には疑義があります。

（2）「美術品等」は租税条約上の「産業上、商業上若しくは学術上の設備」に含まれるか？

　租税条約上、使用料の対象となる「設備（equipment）」は、「産業上、商業上若しくは学術上（industrial, commercial or scientific）」のものであり、船舶、航空機、コンテナ等がこれに該当すると取り扱われています。文化的使用料で用いられる「文学上、美術上若しくは学術上の著作物（literary, artistic or scientific work）」と比べても明らかなように、「文学上、美術上」の文言は使用されていません。美術館が所有し、公共の展示に供されるような美術品等が「産業上、商業上若しくは学術上の設備」に含まれると解することについては議論の余地があるのではないでしょうか。

217

Ⅴ　税務調査における指摘事例と留意事項

（3）所得税及び法人税における「美術品等」と源泉所得税における「美術品等」の取扱いの相違

　所得税基本通達２-14及び法人税基本通達７-１-１は、次のとおり、歴史的価値のある「美術品等」については、「時の経過によりその価値の減少しない資産」であり減価償却資産に該当しない旨定めており、これを「備品」に含めるとする所得税基本通達161-39（備品の範囲）の取扱いとは異なっています。国内法においても源泉所得税以外は「備品」と取り扱わない歴史的価値のある「美術品等」について、租税条約上の「設備」に含まれると解するのはやや無理があるのではないでしょうか。

所得税基本通達２-14及び法人税基本通達７-１-１（美術品等についての減価償却資産の判定）

　「時の経過によりその価値の減少しない資産」は減価償却資産に該当しないこととされているが、次に掲げる美術品等は「時の経過によりその価値の減少しない資産」と取り扱う。

（１）古美術品、古文書、出土品、遺物等のように歴史的価値又は希少価値を有し、代替性のないもの

（以下省略）

所得税基本通達 161-39（備品の範囲）

　令第284条第１項《国内業務に係る使用料等》に規定する器具及び備品には、美術工芸品、古代の遺物等のほか、観賞用、興行用その他これらに準ずる用に供される生物が含まれることに留意する。

218

11 非居住者等が受領する使用料に関する事例

|事例 27|受益者ではない者に支払った使用料
（日ポーランド租税条約）|

事例の概要

　内国法人 A 社は、ポーランド法人 H 社と映画 F の日本における配給権を取得する契約（以下「本件契約」といいます。）を締結し、対価 1,000万円を支払いました（以下「本件使用料」といいます。）。H 社は、映画 F の製作者 I 社（原著作者）とは別の法人ですが、I 社と映画 F について包括的なマネージメント契約を締結していると承知しています。

（A 社の対応）

　本件使用料の支払に当たり、日ポーランド租税条約を確認したところ、使用料条項（第 12 条）2（b）において、文化的使用料（「文学上、美術上又は学術上の著作物（映画フィルム及びラジオ放送用又はテレビジョン放送用のフィルム又はテープを含む。）の著作権の使用又は使用の権利の対価として受領するすべての種類の支払金」）については免税である旨規定されており、本件使用料の支払は同条約上の文化的使用料に該当するものと認識し、H 社に「租税条約に関する届出書」を提出してもらった上で、所得税の源泉徴収は行わず、対価の全額を H 社に支払いました。

税務調査官の指摘事項

　日ポーランド租税条約第 12 条（使用料）2（b）は、「当該使用料の受益者が居住者である場合」に源泉地国における免税を規定している。

　I 社が保有する映画 F の著作権を保有するのは映画 F の製作者（原著作者）である I 社であり、H 社は単なる映画 F に関するマネージメント会社であり、本件使用料が日ポーランド租税条約第 12 条の文化的使用料に該当するとしても、本件使用料を受領する H 社はその受益者には該当し

219

Ⅴ　税務調査における指摘事例と留意事項

ないので、本件使用料については、その支払の際に所得税を源泉徴収して
納付する必要がある。

解説

1　国内法及び租税条約における「文化的使用料」の取扱い

　国内法は、次の（1）のとおり「文化的使用料」という考え方を採用し
ていませんが、日本が締結した旧東欧諸国との間の租税条約においては、
次の（2）の日ポーランド租税条約のように使用料を「文化的使用料」と
「工業的使用料」とに区分し、文化的使用料を免税としているものが見受
けられます。

（1）所得税法における「著作権の使用料」の取扱い

　「著作権の使用料」については、所得税法第161条（国内源泉所得）第
1項第11号ロにおいて「著作権（出版権及び著作隣接権その他これに準
ずるものを含む。）の使用料又はその譲渡による対価」とのみ規定し、こ
れを区分することはしていません。

（2）日ポーランド租税条約における「著作権の使用料」の取扱い

　日ポーランド租税条約第12条2及び3は、次のとおり、使用料を「文
化的使用料」と「工業的使用料」とに区分して規定し、著作権の使用料を
文化的使用料に区分し、免税としています。

・〔文化的使用料〕文学上、美術上又は学術上の著作物（映画フィルム及
　びラジオ放送用又はテレビジョン放送用のフィルム又はテープを含む。）
　の著作権の使用又は使用の権利の対価として受領するすべての種類の支
　払金

・〔工業的使用料〕特許権、商標権、意匠、模型、図面、秘密方式若しく
　は秘密工程の使用若しくは使用の権利の対価として、産業上、商業上若
　しくは学術上の設備の使用若しくは使用の権利の対価として、又は産業
　上、商業上若しくは学術上の経験に関する情報の対価として受領するす
　べての種類の支払金

2 租税条約における「受益者」

（1）日ポーランド租税条約における「受益者」

日ポーランド租税条約第12条1は「一方の締約国内で生じ、他方の締約国の居住者に支払われる使用料に対しては、当該他方の締約国において租税を課することができる」（下線は筆者）と規定し、ここでは「受益者」概念は導入していませんが、同条2（b）において「文化的使用料に対しては、当該使用料の受益者が他方の締約国の居住者である場合には、当該使用料が生じた締約国において租税を免除する」（下線は筆者）と規定し、「受益者」概念を導入しています（「受益者」概念については、Ⅱの「第1非居住者等 2 租税条約における居住者、受益者」（25頁）参照）。

（2）OECD モデル租税条約コメンタリー

OECD モデル租税条約コメンタリーは、受益者について、次のように述べています。

OECD モデル租税条約第12条に関するコメンタリー

〔パラ4.1〕

（前略）一方の締約国の居住者が、代理人又は名義人の関係を通じてではなく、当該所得の便益を実際に享受する第三者のための単なる導管として行動する場合に源泉地国が軽減免除を認めることは、この条約の趣旨目的に矛盾する。……導管法人は、形式的所有者ではあるが、実際上、当該所得に関して、利害関係者のために行動する単なる受託者又は管理者として極めて狭い権限を有するに過ぎない場合には、通常、受益者とはみなし得ない……。（後略）

〔パラ4.2〕

代理人又は名義人といった中間介在者を受益者と支払者の間に介在させた場合においても、当該受益者が他方の締約国の居住者である限り、本条によるその他の条件に従い、源泉地国における課税の制限を利用し得ることに相違ない（……）。（後略）

Ⅴ 税務調査における指摘事例と留意事項

3 本事例における課税関係

　本事例においては、税務調査官の指摘のとおり、日ポーランド租税条約上の「受益者」に該当しない H 社に対して支払う本件使用料については所得税を源泉徴収して納付する必要があります。

A DVICE 顧問先へのアドバイス

　本事例のように、使用料等の受領者が居住者であっても受益者ではないとして源泉徴収課税されるケースはきわめて稀であると考えられます。

　しかしながら、本事例のように、国内源泉所得の受領者が受益者でないことが明らかな場合は源泉徴収課税されることになります。

　本事例でみれば、A 社は、H 社と交渉し、本件契約において I 社に支払う使用料の対価の額と H 社に支払うマネージメントの対価の額を区分記載し、I 社がポーランド居住者か他の国の居住者かを確認した上で、I 社の居住地国との租税条約に基づいて、I 社から租税条約に関する届出書を提出してもらうという対策が必要だったでしょう。

11 非居住者等が受領する使用料に関する事例

事例 28	租税条約に関する届出書を提出しなかった場合の課税関係（米国 LLC に支払った特許権の使用料）

事例の概要

　内国法人 A 社は、米国 LLC である B 社が保有する特許を国内で使用して製品を製造するに当たり、B 社と特許権使用許諾契約（以下「本件契約」といいます。）を締結しました。対価については、四半期ごとに支払い、その額は四半期の売上金額の３％とするという内容です。

　この支払は、日米租税条約上「使用料」に該当して免税となりますが（日米租税条約第 12 条 1、実特法 3 条の 2 第 4 項）、米国 LLC は日本では法人として取り扱われるところ、B 社は米国で構成員課税されているため、A 社は B 社に対して、「租税条約に関する届出書」、「外国法人の株主等の名簿　兼　相手国団体の構成員の名簿」及び各構成員ごとの「特典条項に関する付表」（以下、これらを併せて「条約届出書等」といいます。）を作成し、これに B 社の構成員を明確にする書類と各構成員の居住者証明書（以下「条約添付書類」といいます。）を添付して（以下、「条約添付書類」を添付した「条約届出書等」を「書類添付条約届出書等」といいます。）、第１回目の支払期日の１週間前までに A 社に送付するよう依頼していました。

　しかし、何回か B 社に督促したにもかかわらず、必要事項を記載した書類添付条約届出書等（以下「本件書類添付条約届出書等」といいます。）は送られてきませんでした。

（A 社の対応）

　A 社は、第１回目の対価（以下「本件対価」といいます。）の支払に際し国内法を適用して税率 20.42％で所得税を源泉徴収して納付することも考えましたが、本件契約においては、B 社の構成員は全員が米国居住者で

223

Ⅴ　税務調査における指摘事例と留意事項

あり、日米租税条約の特典を受けられること（対価には源泉所得税が生じ
ないこと）を暗黙の前提としていたことや、今後のＢ社グループとの良
好な取引関係を継続することへの配慮から、本件書類添付条約届出書等が
届き次第所轄税務署に提出することとし、所得税の源泉徴収をせずに本件
対価を支払いました。

税務調査官の指摘事項

　Ｂ社が支払を受ける本件使用料について日米租税条約の特典を受けるた
めには、Ｂ社は本件書類添付条約届出書等を支払者であるＡ社を経由し
てＡ社の所轄税務署に提出する必要があるが、Ｂ社はこれをＡ社の所轄
税務署に提出していないので、本件対価については、国内法を適用して税
率20.42％で所得税を源泉徴収して納付する必要がある。

　なお、源泉徴収課税後であっても、Ａ社はＢ社に本件書類添付条約届
出書等に加えて「租税条約に関する源泉徴収税額の還付請求書」（以下「条
約還付請求書」という。）の作成を依頼して所轄税務署に提出すれば、賦
課決定処分された追徴本税額は（Ａ社ではなく）Ｂ社に還付される。ただ
し、不納付加算税及び延滞税（以下「不納付加算税等」という。）は還付
されない。

解説

1　租税条約の特典の適用を受けるための手続

　本事例においては、Ｂ社が支払を受ける使用料について日米租税条約の
特典を受けるためには、次の手続を行う必要があります。

（1）本件対価の支払前にＢ社が行うべき手続

　Ａ社の認識のとおり、米国 LLC は日本では法人として取り扱われると
ころ、Ｂ社は米国で構成員課税されているため、Ｂ社は、本件対価を受領
する前に、本件書類添付条約届出書等を作成し、Ａ社を経由してＡ社の
所轄税務署に提出する必要があります（Ⅱの「第2　源泉徴収課税の対象

224

となる国内源泉所得　4　租税条約の適用手続　（1）〜（3）」（34頁）
参照）。

（2）本件対価に対して追徴課税を受けた後にＡ社が行うべき手続等

　Ａ社が源泉所得税の追徴課税を受けた場合、実務上、Ａ社は追徴本税
額を立て替えて納付し、不納付加算税等をＡ社の負担で納付することに
なります。

　この場合、Ａ社は、Ｂ社に対して、引き続き本件書類添付条約届出書等
の提供を依頼するとともに条約還付請求書を作成して追徴本税額の還付手
続を行うよう依頼し、本件追徴本税額が還付されたらＡ社に返金するよ
う要請することが考えられます。しかし、還付手続をより迅速に行うため
には、Ａ社が次の手続等を行うことにより還付を受けることが現実的です。

①　Ｂ社の納税管理人になる

　Ａ社が自社を納税管理人とする「源泉徴収に係る所得税及び復興特
別所得税の納税管理人の届出書」（Ⅱの「第2　4（5）」（35頁）参照。
以下「源泉所得税納税管理人届出書」といいます。）を記載してＢ社に
送付し、Ｂ社にサインして返送してもらいます。

②　Ｂ社から条約添付書類を取得する

　条約添付書類は、支払相手先が構成員課税される米国LLCの場合は、
構成員を明確にする書類と各構成員の居住者証明書になります。なお、
法人課税される米国LLCの場合は、そのLLCの居住者証明書のみとな
ります。

　米国LLCの構成員を明確にする書類は、具体的にはそのLLCの
Schedule K-1（Form 1065）でよいと考えます。

③　条約届出書等及び条約還付請求書を作成する

　条約届出書等のうち「租税条約に関する届出書」及び「外国法人の株
主等の名簿」については、本件契約書と条約添付書類があれば記載でき
ますし、「租税条約に関する届出書」のサインも納税管理人のサインで
よくなります。ただし、「特典条項に関する付表」については、Ｂ社に

225

確認する必要がある部分もあります。

　条約還付請求書についても、源泉徴収義務者（Ａ社）の署名押印と納税管理人（Ａ社）のサインでよく、記載する還付口座も納税管理人（Ａ社）の口座を記載することになります。

④　上記①から③の書類を所轄税務署に提出する

　本件書類添付条約届出書等に、必要事項を記載した源泉所得税納税管理人届出書及び条約還付請求書を添付して所轄税務署に提出します。

2　本事例における課税関係

（1）源泉所得税

　税務調査官の指摘のとおり、本件書類添付条約届出書等が提出されていない段階では、いったん国内法が適用されて国内法の税率で所得税を源泉徴収して納付することになります。

　その後、本件書類添付条約届出書等と条約還付請求書を提出すれば、追徴本税額については還付を受けることができます。

（2）不納付加算税等が還付されない理由

　追徴本税額が還付されるのに不納付加算税等が還付されないのはおかしいのではないかという意見がありますが、当局は条約還付請求書によって追徴本税額は還付するが不納付加算税等は還付しない旨の見解を公表しています（国税庁タックスアンサー No.2889 参照）。当局は、実特法省令の規定は手続要件であると考えているようです。

（3）税務調査終了前に本件書類添付条約届出書等を提出すれば課税されない実務

　実務上、調査終了前に本件書類添付条約届出書等を提出すれば、源泉所得税は課税されていないようです。

顧問先へのアドバイス

1 「源泉所得税納税管理人届出書」の作成時期

　非居住者等がその国内源泉所得につき租税条約の特典を受けるためには、実務上、条約届出書等の作成が必須となりますが、その支払者が非居住者等にその作成を依頼しても、なかなか作成してもらえないのが実情です。そこで、支払者は、当初から自らが非居住者等の納税管理人となり、契約相手先に代わって条約届出書等を作成することも視野に入れておく必要があります。その準備として、契約交渉段階において、契約相手先に条約届出書等の作成及び条約添付書類の取得を要請することと並行して、契約書にサインする段階等において源泉所得税納税管理人届出書にもサインをもらっておく等の対応を心掛けるとよいでしょう。

2 税務調査対応

(1) 調査終了前

　本事例の場合であれば、調査の事前通知があった段階で、条約添付書類（B社のSchedule K-1（Form 1065）と各構成員の居住者証明書）の提供を督促するとともに、A社を納税管理人とする源泉所得税納税管理人届出書を作成し、B社に送ってサインして返送するよう依頼しましょう（事前に源泉所得税納税管理人届出書にサインをもらっていれば、条約添付書類の督促のみで済みます）。

　条約添付書類と源泉所得税納税管理人届出書があれば、納税管理人が本件書類添付条約届出書等を作成できますので、調査終了前に源泉所得税納税管理人届出書を添付して本件書類添付条約届出書等を提出すれば、実務上は源泉所得税は課税されないと考えられます（課税された場合は、次の(2)の対応と同様となります）。

(2) 源泉所得税が課税された後

　上記(1)の対応に加え、A社が納税管理人として条約還付請求書を作成し、源泉所得税納税管理人届出書及び本件書類添付条約届出書等とと

もに税務署に提出します。税務署の審査（確認）が済めば、納税管理人である A 社の口座に追徴本税額が還付されます。

（3）不納付加算税等の還付は可能か

　前述の国税庁タックスアンサー No.2889 のとおり、当局は条約還付請求書によっても不納付加算税等は還付されないという見解を公表しています。

　ただし、条約届出書等は租税条約の特典を受けるための実体的要件を満たすことを示すための証明手段であり、実体的要件を満たすことが証明されれば、不納付加算税等も還付されるべきであるという考え方もあり、当局の見解には疑問がないわけではありません。

　不納付加算税等が多額である場合は、次の文献等を参考に、条約還付請求書の提出と同時（処分の通知を受けた日の翌日から 3 か月以内）に、不納付加算税等の賦課決定について再調査請求又は審査請求を行うことを考慮してもよいかもしれません。

・増井良啓「租税条約実施特例法上の届出書の法的性質」税務事例研究
　Vol.114（2010 年 3 月）56 頁
・水野忠恒『国際課税の制度と理論』（有斐閣、2000 年）87 頁
・東京地裁平成 27 年 5 月 28 日判決（東京地方裁判所平成 24 年（行ウ）
　第 152 号）
・藤谷武史「インターネット販売業者のアパート及び倉庫が日米租税条約
　上の恒久的施設に該当するとされた事例」ジュリスト No.1494（2016 年
　6 月） 119 頁
・長島弘「租税条約の適用要件に関する法律による包括的白紙委任に基づ
　く省令の手続要件の付加を否定した事例」税務事例 Vol.47 No. 9 （2015
　年 9 月）22 頁

12 非居住者が受領する給与、役員報酬に関する事例

　非居住者が受領する給与、役員報酬については、国内法においては、国内勤務に係るものについて国内源泉所得となり、さらに、内国法人の役員として行う勤務については、国外勤務についても国内源泉所得となります（所法161条1項12号イ）。国内源泉所得となる給与、役員報酬については、税率20.42％で所得税を源泉徴収して納付することになります（所法212条1項、213条1項）。これらは源泉分離課税となります。なお、源泉徴収課税されなかった場合は、非居住者は確定申告することになります（所法172条）。

　租税条約においても、給与、役員報酬についてはおおむね同様の規定ぶりとなっていますが、給与については、租税条約にはいわゆる「短期滞在者免税」の規定があり、OECDモデル租税条約第12条（給与所得）2は、短期滞在者免税の要件を次のように規定しています。

① 当該課税年度において開始し、又は終了するいずれの12箇月の期間においても、報酬の受領者が当該他方の締約国に滞在する期間が合計183日を超えないこと（183日ルール）。

② 報酬が当該他方の締約国の居住者でない雇用者又はこれに代わる者から支払われるものであること。

③ 報酬が雇用者の当該他方の締約国内に有する恒久的施設によって負担されるものでないこと。

　税務調査においては、内国法人の役員報酬、給与に係る短期滞在者免税が問題となることが多いようです。

　ここでは、【事例29】で短期滞在者免税のケース、【事例30】で内国法人の役員報酬のケース、【事例31】で日米租税条約議定書（2013年1月24日署名）におけるみなし役員の報酬のケースを取り上げます。

229

Ⅴ　税務調査における指摘事例と留意事項

| 事例 29 | 非居住者の給与（短期滞在者免税） |

事例の概要

　内国法人 A 社は、シンガポール子会社 S 社とベトナム子会社 V 社の従業員に技術指導を行うため、おおむね 6 か月間の予定で国内工場で実地に作業をしながら技術を習得させています。

　技術指導期間は、基本的には 4 月〜 9 月（上期）と 10 月〜翌年 3 月（下期）で行うこととしていますが、子会社従業員の都合により、滞在時期や滞在期間は多少前後することがあります。

　また、この施策は、1 年半前から開始し、来日従業員の給与は、初年度（下期）は出向の形式を採って A 社が支払っていましたが、2 年度目からは研修と位置づけて S 社及び V 社が現地で支払っています。

　これまでの技術指導実績は、次のとおりです。

【初年度（下期）】

　　シンガポール子会社従業員 E ：10 月〜翌年 3 月（滞在日数 170 日）

　　ベトナム子会社従業員 F　　：10 月〜翌年 3 月（滞在日数 180 日
　　　　　　　　　　　　　　　　　（10 月〜 12 月 90 日、翌年 1 月〜 3 月
　　　　　　　　　　　　　　　　　90 日））

【2 年度（上期）】

　　シンガポール子会社従業員 G ：4 月〜 9 月（滞在日数 170 日）

　　ベトナム子会社従業員 H　　：4 月〜 10 月（滞在日数 200 日）

【2 年度（下期）】

　　シンガポール子会社従業員 I ：9 月〜翌年 4 月（滞在日数 200 日
　　　　　　　　　　　　　　　　　（9 月〜 12 月 100 日、翌年 1 月〜 4 月
　　　　　　　　　　　　　　　　　100 日））

230

ベトナム子会社従業員 J　　：9月～翌年4月（滞在日数200日
　　　　　　　　　　　　　　（9月～12月100日、翌年1月～4月
　　　　　　　　　　　　　　100日））

なお、S社もV社も日本に恒久的施設（PE）は有していません。
（A社の対応）

A社は、初年度（下期）については、子会社従業員の滞在日数が183日以内であることから、給与の支払に際し、所得税を源泉徴収していませんでした。また、2年度については、自社が支払者となっていないため、所得税を源泉徴収していませんでした。

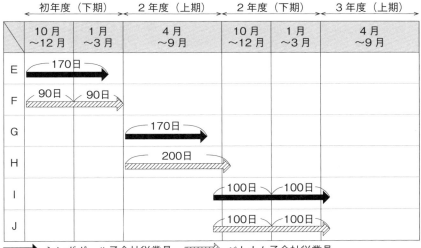

税務調査官の指摘事項

初年度（下期）においては、子会社従業員E及びFに対してA社が給与を支払っており、E及びFは短期滞在者免税には該当しないので、A社は両者への給与の支払に際し、税率20.42％で所得税を源泉徴収して納付する必要がある。

2年度においては、子会社従業員G、H、I及びJに対してA社は給与

を支払っていないことから、それぞれの従業員は、183日ルールに該当すれば日本では課税されない。

　これを2年度（上期）についてみると、シンガポール子会社従業員Gについては、滞在日数が183日以内であるので短期滞在者免税となり、日本では課税されない。一方、ベトナム子会社従業員Hは、滞在日数が183日を超えているので短期滞在者免税には該当せず、日本で課税されることになるが、給与の支払者であるベトナム子会社V社は日本に事務所を有していないので、その給与については所得税は源泉徴収されることはなく、申告納税することになる。

　2年度（下期）においては、シンガポール子会社従業員Iは、日星租税条約上の183日ルールを満たしていないため短期滞在者免税には該当せず、所得税は源泉徴収されないが、申告納税する必要がある。一方、ベトナム子会社従業員Jは、日越租税条約上の183日ルールを満たしているため短期滞在者免税に該当し、租税条約に関する届出書を提出すれば日本で課税されることはない。

解説

1　国内法及び租税条約における「短期滞在者免税」の取扱い

　非居住者の国内源泉所得である給与等については、次のとおり、国内法には短期滞在者免税の規定はありませんが、租税条約には短期滞在者免税の規定があり、その要件に該当する場合には免税となります（租税条約に関する届出書を提出する必要があります。）。

（1）国内法には「短期滞在者免税」の取扱いはない

　非居住者が国内において行う勤務に基因する給与は国内源泉所得に該当します（所法161条1項12号）。この国内源泉所得を国内において支払う者は、その支払の際、所得税を源泉徴収して納付する必要があります。短期滞在者免税の規定は国内法にはありません。

　したがって、国内でその給与を支払う者は、その支払に際して税率

20.42％で所得税を源泉徴収して納付する必要があります（所法212条）。また、国内源泉所得である給与につき源泉徴収課税を受けない場合には、税率20.42％で所得税を申告納税する必要があります（所法172条）。

（2）租税条約における「短期滞在者免税」の取扱い

租税条約における一般的な短期滞在者免税の要件は、次の①のとおりであり、日星及び日越の両租税条約においても、①のロ及びハの要件は同様ですが、①イのいわゆる183日ルールについては、次の②及び③のとおり、日星租税条約第15条（給与所得）2のようにOECDモデル租税条約に準拠したものと、日越租税条約第15条（給与所得）2のように暦年基準を採用しているものがあります。

① OECDモデル租税条約第12条（給与所得）2

 イ　当該課税年度において開始し、又は終了するいずれの12箇月の期間においても、報酬の受領者が当該他方の締約国に滞在する期間が合計183日を超えないこと（183日ルール）。

 ロ　報酬が当該他方の締約国の居住者でない雇用者又はこれに代わる者から支払われるものであること。

 ハ　報酬が雇用者の当該他方の締約国内に有する恒久的施設によって負担されるものでないこと。

② 日星租税条約第15条（給与所得）2（183日ルール）

報酬の受領者が継続するいかなる12箇月の期間においても合計183日を超えない期間当該他方の締約国に滞在すること。

③ 日越租税条約第15条（給与所得）2（183日ルール）

報酬の受領者が当該暦年を通じて合計183日を超えない期間当該他方の締約国に滞在すること。

2　本事例における「短期滞在者」の判定

本事例においては、シンガポール子会社S社もベトナム子会社V社も、日本にPEは有していないので、短期滞在者免税の3つの要件のうち、上記1（2）①ハの要件は満たしていますが、次のとおり、初年度（下期）、

233

２年度（上期）及び２年度（下期）において、短期滞在者免税の要件を満たさない従業員がいます。

（１）初年度（下期）

シンガポール子会社従業員Ｅ及びベトナム子会社従業員Ｆに対して内国法人であるＡ社が給与を支払っていることから、上記１（２）①ロの要件を満たしておらず、Ｅ及びＦはともに短期滞在者免税には該当しません。

（２）２年度

２年度においては、Ａ社は子会社従業員Ｇ、Ｈ、Ｉ及びＪに対して給与を支払っていないことから、上記１（２）①ロの要件は満たしています。そこで、子会社従業員それぞれについて183日ルールについて検討すると、次のとおりとなります。

① 　上期

シンガポール子会社従業員Ｇについては、継続する12か月間において滞在日数が183日以内ですので183日ルールを満たし、短期滞在者免税に該当することになります。

一方、ベトナム子会社従業員Ｈは、暦年を通じて滞在日数が183日を超えているので183日ルールを満たさず、短期滞在者免税には該当しません。

② 　下期

シンガポール子会社従業員Ｉの滞在日数は、暦年を通じてはそれぞれ100日で183日以内ですが、継続する12か月間においては183日を超えていますので183日ルールを満たさず、Ｉは短期滞在者免税には該当しません。

一方、ベトナム子会社従業員Ｊの滞在日数は、継続する12か月間においては183日を超えていますが、暦年を通じては183日を超えていませんので183日ルールを満たし、Ｊは、それぞれの暦年において短期滞在者免税に該当することになります。

2 本事例における課税関係

税務調査官の指摘のとおり、次のとおりの課税関係になります。

（1）短期滞在者免税となる者
シンガポール子会社従業員G及びベトナム子会社従業員J

（2）所得税の源泉徴収を要する者
シンガポール子会社従業員E及びベトナム子会社従業員F

（3）所得税の申告納税を要する者
シンガポール子会社従業員I及びベトナム子会社従業員H

顧問先へのアドバイス

1 「短期滞在者免税」については必ず租税条約の確認が必要

　非居住者の国内源泉所得である給与等に係る短期滞在者免税については、国内法には規定がなく、租税条約にのみ規定があるため、必ず租税条約の規定を確認する必要があります。特に183日ルールについては、個々の租税条約により規定ぶりが異なりますので注意を要します。また、租税条約に関する届出書の提出が必要となります。

2 外国法人の申告における本店配賦経費に含まれる来日従業員の給与等

　外国法人の日本支店の法人税の申告においては、海外本店から費用（本店配賦経費）の付け替えが行われるのが一般的ですが、この本店配賦経費の中に、本店の従業員等が来日して技術指導や営業活動等を行った際の給与が含まれている場合、短期滞在者免税の3つの要件のうちの「報酬が雇用者の当該他方の締約国内に有する恒久的施設によって負担されるものでないこと」の要件を満たさないことになり、その本店従業員は国内源泉所得となる給与所得について日本で申告する必要があります。

　仮に、申告していない場合には、日本支店の税務調査において、その本店従業員の申告を求められるか、又はその本店従業員の日本での活動の詳細の説明を求められ、説明できない場合には、その給与の付け替えを否認

V 税務調査における指摘事例と留意事項

される可能性もないとはいえません。

12 非居住者が受領する給与、役員報酬に関する事例

| 事例 30 | 海外子会社に勤務する親会社の取締役の役員報酬 |

事例の概要

　内国法人 A 社の取締役の甲氏は、国内においては A 社の海外事業本部長の地位にありますが、同時に英国子会社の社長も兼務しています。

　甲氏は、2 年前に、海外営業本部長の地位にあるまま取締役に就任し、同時に 3 年間の予定で英国子会社に社長として出向を命じられ、現在に至っています。甲氏は、妻同伴で英国に赴任しましたが、大学生と高校生の子供たちは、学業の関係で日本の自宅に残り生活しています。

　甲氏が英国子会社の社長として着任して以後、甲氏の報酬は英国子会社が支払っていますが、A 社は、甲氏が A 社の取締役であり、甲氏の子供たちの生活費も必要との判断から、甲氏に役員報酬として月々 20 万円（以下「本件役員報酬」といいます。）を A 氏の日本の口座に振り込んでいます。

（A 社の対応）

　A 社は、甲氏が、1 年以上の予定で英国子会社に勤務する予定であること、及び生計を一にする妻と英国で居住していることから非居住者に該当し、非居住者が受け取る給与については、たとえその給与が日本の本社から支払われていても勤務地が外国である場合は日本の所得税は課税されないと判断して、本件役員報酬について所得税を源泉徴収していませんでした。

　なお、甲氏は、A 社の海外事業が英国のみで展開されていないこともあり、この 2 年間に何度も日本に帰国し、日本で開催される A 社の取締役会や経営会議に出席し、A 社の今後の海外事業展開について意見を述べ、また、海外事業本部において本部長として指揮を執っていました。

237

V 税務調査における指摘事例と留意事項

税務調査官の指摘事項

甲氏は、英国子会社の社長として英国において勤務しており、非居住者には該当するが、内国法人であるA社の役員であり、英国においてA社の使用人として常時勤務しているとは認められないため、本件役員報酬については日本の国内源泉所得に該当する。したがって、本件役員報酬の支払の際に、税率20.42％で所得税を源泉徴収して納付する必要がある。

解説

1 国内法及び租税条約における「内国法人の役員の報酬」の取扱い

次のとおり、内国法人の役員の報酬については、所得税法においてはその役務提供地にかかわらず国内源泉所得とされており、日英租税条約においては日本に課税権が配分されています。

（1）所得税法における内国法人の役員報酬の所得源泉地

内国法人の役員の報酬については、役員として国外において行う勤務に係る役務提供に対する報酬であっても、その役員が同時にその内国法人の使用人として常時勤務を行う場合を除き、国内源泉所得に該当します（所法161条1項12号イ、所令285条1項1号）。

内国法人の役員に対する役員報酬については、役員の主要な職務は企業の経営に従事することであり、役員報酬はその職務に対する対価であるため、原則として、その役務提供地（勤務地）にかかわらず、国内源泉所得に該当することになります。

（2）日英租税条約

日英租税条約第15条は、英国の居住者が日本の「居住者である法人の役員の資格で取得する役員報酬その他これに類する支払金」については、日本で課税できる旨規定しています。

2 「国外において常時使用人として勤務する場合」の例外

国内法の取扱いの例外として、「国外において常時使用人として勤務する場合」については、内国法人の役員に対する役員報酬であっても、国外

源泉所得とされます。

これについては、事実認定による部分がありますが、その判断基準について次の2つの通達があります。

所得税基本通達 161-42（内国法人の使用人として常時勤務を行う場合の意義）

　令第285条第1項第1号かっこ内に規定する「内国法人の使用人として常時勤務を行う場合」とは、内国法人の役員が内国法人の海外にある支店の長として常時その支店に勤務するような場合をいい、例えば、非居住者である内国法人の役員が、その内国法人の非常勤役員として海外において情報の提供、商取引の側面的援助等を行っているにすぎない場合は、これに該当しないことに留意する。

所得税基本通達 161-43（内国法人の役員が国外にあるその法人の子会社に常時勤務する場合）

　内国法人の役員が国外にあるその法人の子会社に常時勤務する場合において、次に掲げる要件のいずれをも備えているときは、その者の勤務は、令第285条第1項第1号かっこ内に規定する内国法人の役員としての勤務に該当するものとする。

（1）その子会社の設置が現地の特殊事情に基づくものであって、その子会社の実態が内国法人の支店、出張所と異ならないものであること。

（2）その役員の子会社における勤務が内国法人の命令に基づくものであって、その内国法人の使用人としての勤務であると認められること。

　上記通達のとおり、内国法人の役員が海外支店の支店長を兼務している場合であれば、同一法人内での勤務であることから、「国外において常時使用人として勤務する場合」の例外に該当するケースもあると思わ

れますが、内国法人の役員が海外子会社の社長を兼務している場合については、特殊事情により支店が設立できず、やむを得ず子会社を設立したもので実態は支店と異ならないような場合でない限り、別法人である子会社における勤務実績があるという点において「常時使用人として勤務する場合」には該当しないということになります。

3　本事例における課税関係

本事例においては、甲氏が英国子会社の社長として勤務していることに加え、何度も日本に帰国して取締役会等に出席していること（注）から、「常時使用人として勤務する場合」には該当しないと認められます。

したがって、A社は、本件役員報酬の支払の際に、税率20.42％で所得税を源泉徴収して納付する必要があります。

（注）　この事実がない場合であっても「常時使用人として勤務する場合」には該当しないと認定される可能性が高いと考えます。

《参考裁決》

海外子会社の社長を兼務している内国法人の取締役の役員報酬が国内源泉所得に該当するか否かについて争われた事件の裁決（平成24年5月10日裁決）においては、次の理由から、その取締役の勤務は「使用人として常時勤務する場合」に該当せず、その取締役に対する役員報酬は国内源泉所得に該当する旨判断しています。

①　当該役員報酬のうち、国内における取締役会や経営執行会議への出席など、当該取締役の国内業務に基因する部分は、所得税法第161条（国内源泉所得）第8号イ〔現行＝第1項第12号イ〕に規定する国内源泉所得に該当することは明らかであること。

②　当該取締役は請求人の海外子会社の社長として勤務していたところ、当該子会社の社長としての勤務は、請求人の使用人として勤務することに当たらないことは明らかであること。

③　当該取締役の国外における勤務は、国外における請求人の実態、当該

取締役の請求人における実質上の地位、役割、職務の内容等を併せ考えると、経営判断による企業経営といった職務に関するものであり、請求人の使用人としてではなく、役員としての勤務であったと認めるのが相当であること。

A DVICE
顧問先へのアドバイス

○ 内国法人の非居住者役員の居住地における確定申告

　海外子会社に勤務している内国法人の役員（非居住者）に役員報酬を支払っている場合には、所得税基本通達 161-43 に該当するような特殊なケースを除き、支払をする親会社は国内源泉所得として所得税を源泉徴収して納付することになります。

　租税条約（OECD モデル租税条約第 16 条参照）においては、内国法人の役員報酬については、内国法人の所在地に課税権を認めるのが一般的であり、この場合、その報酬が日本において課税されたとしても、租税条約において認められている課税であることから、その役員の居住地国における所得税の確定申告において外国税額控除等の二重課税の排除が認められることになります。

OECD モデル租税条約第 16 条

　一方の締約国の居住者が他方の締約国の居住者である法人の役員の資格で取得する役員報酬その他これに類する支払金に対しては、当該他方の締約国において租税を課することができる。

　しかしながら、実際には、役員の居住地国において、確定申告後に非居住者課税を受けた場合については、外国税額控除に係る更正の請求等が認められていなかったり、その手続が煩雑であるため更正の請求等を断念したりすることが多いようです。

V　税務調査における指摘事例と留意事項

　このような事態を避けるためにも、海外子会社に出向した役員等に対して何らかの支払をする場合には、非居住者に係る源泉所得税の課税対象となるかどうかの検討を十分に行い、源泉所得税を課税することになった場合には、その支払と源泉徴収課税の事実について、本人及び現地で本人の確定申告を担当する会計士等に連絡し、確定申告において適正に外国税額控除を行うよう依頼等しておくことが肝要です。

12 非居住者が受領する給与、役員報酬に関する事例

| 事例31 | みなし役員に該当する米国居住者に支払う報酬 |

事例の概要

　内国法人Ａ社は、現在米国に居住している甲相談役に月々30万円の報酬（以下「本件報酬」といいます。）を支払っています。

　甲相談役は、Ａ社の創業者かつ元代表取締役で、現代表取締役の父親ですが、現在は取締役を退任しています。また、甲相談役は、Ａ社の米国子会社にある一室（相談役室）に出社しており、Ａ社には出社していません。ただし、Ａ社の取締役会等の重要な会議にはインターネットを通じて出席し、経営上のアドバイスを行っています。

　なお、本件報酬の支払期間中に甲相談役が来日して勤務した事実はありません。

（Ａ社の対応）

　Ａ社は、「相談役」は使用人としての職制上の地位であり、甲相談役は既に取締役を退任し、取締役会の構成員ではなく、取締役会等の重要な会議には、インターネットを通じてアドバイザー的な立場で出席しているに過ぎず、Ａ社の経営に従事しているとはいえないから、甲相談役はみなし役員には該当しないと考え、甲相談役に支払う本件報酬は、非居住者による国外における役務提供に対する対価であるとして、所得税を源泉徴収していませんでした。

税務調査官の指摘事項

　甲相談役はＡ社のみなし役員であり、本件報酬は内国法人Ａ社から支払われる役員報酬に該当する。そして、内国法人から支払われる役員報酬は、その役員の役務提供地にかかわらず国内源泉所得に該当する（所法

243

V 税務調査における指摘事例と留意事項

161条1項12号イ）。また、日米租税条約第15条（役員報酬）においても「一方の締約国の居住者が他方の締約国の居住者である法人の役員の資格で取得する役員報酬その他これに類する支払金に対しては、当該他方の締約国において租税を課することができる」と規定していることから、本件報酬については、その支払に際し、税率20.42％で所得税を源泉徴収して納付する必要がある。

解説

1　国内法及び日米租税条約における「みなし役員」の取扱い

　次のとおり、日本の国内法が規定する「みなし役員」については、現行の日米租税条約上は「役員」に含まれると解されますが、下記**2**のとおり、2013年1月24日に署名された日米租税条約改正議定書（以下「2013年日米議定書」といいます。）が発効した後は、「役員」に含まれないことになります。

（1）所得税法第161条（国内源泉所得）第1項第12号イ

　所得税法第161条（国内源泉所得）第1項第12号イは、「俸給、給料、賃金、歳費、賞与又はこれらの性質を有する給与その他人的役務の提供に対する報酬のうち、国内において行う勤務その他の人的役務の提供（内国法人の役員として国外において行う勤務その他の政令で定める人的役務の提供を含む。）に基因するもの」（下線は筆者）は国内源泉所得に該当すると規定しています。

　また、法人税法施行令第7条（役員の範囲）第1号は、「法人の使用人（職制上使用人としての地位のみを有する者に限る。……）以外の者でその法人の経営に従事しているもの」も役員に含まれると規定し、「使用人以外の者でその法人の経営に従事しているもの」には、相談役、顧問その他これらに類する者でその法人内における地位、その行う職務等からみて他の役員と同様に実質的に法人の経営に従事していると認められるものが含まれるとされています（法基通9-2-1）。

（2）日米租税条約第15条（役員報酬）

　日米租税条約第15条においても、「居住者である法人の役員の資格で取得する役員報酬」は法人居住地国においても課税されることになりますが、同条約においては「役員の範囲」についての規定がないため、日本の制度における「みなし役員」が日米租税条約上の「役員」に含まれるかどうかが問題となります。

　この場合、日米租税条約第3条（一般的定義）2の規定「一方の締約国によるこの条約の適用に際しては、この条約においては定義されていない用語は、文脈により別に解釈すべき場合又は両締約国の権限のある当局が第25条の規定に基づきこの条約の適用上の用語の意義について別に合意する場合を除くほか、この条約の適用を受ける租税に関する当該一方の締約国の法令において当該用語がその適用の時点で有する意義を有するものとする。」が適用され、日米租税条約上の「役員」の範囲については、国内法で判断することになります。

　したがって、国内法上の「みなし役員」は日米租税条約上も「役員」として取り扱われることになります。

2　2013年日米議定書第6条（役員報酬）

　2019年2月現在、2013年日米議定書は、いまだ発効していませんが、その第6条は次のように規定しています。

「条約第15条を次のように改める。

　第15条

　　一方の締約国の居住者が他方の締約国の居住者である法人の<u>取締役会の構成員の資格で取得する報酬</u>その他これに類する支払金に対しては、当該他方の締約国において租税を課することができる。」（下線は筆者）

　「みなし役員」は「取締役会の構成員」ではないため、みなし役員に対する報酬は、2013年日米議定書で改正された「取締役会の構成員の資格で取得する報酬」には含まれないと解されます。

245

3　本事例における課税関係

2013年日米議定書発効前後で本件報酬に対する課税関係は、次のとおり異なることになります。

（1）2013年日米議定書が発効していない場合

内国法人Ａ社から支払われる本件報酬は、日米租税条約第15条の役員報酬に該当することから、国内源泉所得に該当し、その支払については税率20.42％で所得税が源泉徴収されることになります。

（2）2013年日米議定書が発効している場合

本件報酬は、内国法人Ａ社から支払われるものであっても、日米租税条約第15条の役員報酬には該当しません。そうすると、同条約第14条（給与所得）1の規定「一方の締約国の居住者がその勤務について取得する給料、賃金その他これらに類する報酬に対しては、勤務が他方の締約国内において行われない限り、当該一方の締約国においてのみ租税を課することができる。」が適用されることになり、甲相談役は日本において勤務していませんので、本件報酬は日本において課税されません。

Ａ DVICE
顧問先へのアドバイス

本事例のように、租税条約の適用を検討する場合、条約本文のみならず議定書も参照する必要があります。

議定書は、一方の締約国の特定の所得や税の取扱いを規定している場合（例えば、2004年に発効した新日米租税条約締結時の議定書第13条における匿名組合所得など）や、租税条約の条項の一部を改訂する場合（例えば、本事例など）に締結されます。

13 学生、事業修習者に関する事例

　学生、事業修習者、事業習得者（以下、事業修習者と事業習得者を併せて「事業修習者等」といいます。）については、国内法に規定はありませんが、租税条約においては、一定の要件を満たす場合には、その一定の所得を免税としています。なお、免税とならない場合は、国内法に従って課税されることになります。

　学生、事業修習者等の定義については、そもそも国内法には規定がありませんし、租税条約にも定義規定はありませんが、国税庁ホームページの質疑応答事例（ホーム＞法令等＞質疑応答事例＞源泉所得税＞非居住者等所得＞51 専修学校等の就学生に対する免税条項の適用の是非）において、次のように解するとしています。

(注)「学生」については、定義規定としてではありませんが、租税条約に関する届出書の提出の手続を規定する実特法省令の第8条第1項かっこ書において、学校教育法第1条「第1項に規定する学校の学生、生徒、児童をいう。」とされています。

① 学　　　生……学校教育法第1条に規定する学校の児童、生徒又は学生
② 事業修習者……企業内の見習研修者や日本の職業訓練所等において訓練、研修を受ける者
③ 事業習得者……企業の使用人として又は契約に基づき、当該企業以外の者から高度な職業上の経験等を習得する者

　租税条約においては、学生、事業修習者等は同一の条項に規定されており、その所得等の免税範囲については、租税条約ごとに異なるものの、適用される租税条約が同じであれば、その身分等に関係なく適用条件は同じになります。しかしながら、税務調査においては、学生の場合は適用すべき租税条約とその所得の免税範囲が問題となり、事業修習者等の場合は在

247

V 税務調査における指摘事例と留意事項

留資格に適合する活動に係る所得かどうかが問題となることが多いようです。

　ここでは、【事例 32】で学生のケース、【事例 33】で事業修習者等のケースを取り上げます。

13 学生、事業修習者に関する事例

事例 32 | 外国人の学生アルバイトの給与

事例の概要

　飲食店 10 店を経営している内国法人 A 社は、各店舗において外国人学生をアルバイトとして雇用し、次のとおり、給料を支払っています。

・インドから来日した大学生 P 　　　　：年間給与 140 万円（在留期間 4 年）

・インドネシアから来日した大学生 Q：年間給与　40 万円（在留期間 3 年）

・韓国から来日した大学生 R 　　　　　：年間給与 120 万円（在留期間 2 年）

・タイから来日した大学生 S 　　　　　：年間給与 180 万円（在留期間 3 年）

・中国から来日した大学生 T 　　　　　：年間給与 200 万円（在留期間 6 年）

・中国から来日した日本語学校生 U 　：年間給与 160 万円

　　　　　　　　　　　　　　　　　　　（在留期間 10 か月）

・パキスタンから来日した大学生 V 　：年間給与 120 万円（在留期間 4 年）

・フィリピンから来日した大学生 W 　：年間給与 120 万円

　　　　　　　　　　　　　　　　　　　（在留期間 6 か月）

　なお、本人たちは、いずれも 1 年以上の予定で来日しており、給与は生計や学費等に充てていて本国に送金等している事実はありません。

（A 社の対応）

　A 社は、それぞれの国との租税条約を検討し、各人の給与について、租税条約に関する届出書を提出させた上で、次のとおり課税し、又は課税しませんでした。

・P：扶養控除申告書を提出させ、通常の給与所得者として所得税を源泉徴収して納付しています。

・Q：扶養控除申告書を提出させ、月額 5 万円（年間 60 万円（条約上の免税金額））を超える金額に課税することとしていたが、年間給与

249

V 税務調査における指摘事例と留意事項

収入が40万円であるため、結果的には課税していません。

・R：おおむね月額10万円の給与であり、条約上の免税金額約220万円
（2万ドル）を超えない見込みであるため、課税していません。

・S：免税となる在留期間内であるため、課税していません。

・T：条約免税の要件に在留期間の規定がないため、課税していません。

・U：日本語学校生ですが、大学に入学するために日本語を学んでおり、「専
ら教育……を受けるため……一方の締約国に滞在する学生」に該当
すると考え、Tと同様、課税していません。

・V：まだ大学生ですが、在留期間要件を満たさなくなったため、扶養控
除申告書を提出させ、通常の給与所得者として所得税を源泉徴収し
て納付しています。

・W：採用後、免税金額（約17万円（1,500ドル））に達するまでは課税
していませんでしたが、その後は扶養控除申告書を提出させ、通常
の給与所得者として所得税を源泉徴収して納付しています。

税務調査官の指摘事項

　租税条約に規定する「学生」は、学校教育法第1条に規定する学校の生
徒又は学生をいい、日本語学校などの専修学校又は各種学校に在学する就
学生は含まれない。したがって、中国人留学生Uは、日中租税条約第21
条の「学生」に該当せず、1年以上の予定で来日していて居住者に該当す
るため、その給与については、インド人留学生Pと同様、通常の給与所
得者として所得税を源泉徴収して納付する必要がある。

解説

1　租税条約における「学生」の取扱い

　国内法においては、特に「学生」に着目した国内源泉所得についての規
定はありませんが、多くの租税条約においては、学生や事業修習者につい
て、「生計、教育又は訓練のために受け取る給付」で「海外から支払われ

250

るもの」を免税としています。

　一方、一部の租税条約においては、生計、教育、訓練等のための海外からの送金のほか、「交付金、手当又は奨励金」を免税とした上で、次のように、一定の範囲で国内における人的役務提供による所得についても免税するものがあります。

国内における人的役務提供による所得の免税範囲（例）

条約相手国	免税の範囲
インドネシア （第21条）	インドネシア居住者である雇用者から支払われる報酬 学生、事業修習者：滞在期間5年以内、年間60万円まで免税 事業習得者：滞在期間1年以内、年間180万円まで免税
韓国 （第20条）	学生：滞在期間5年以内、年間20,000ドル相当額まで免税 事業修習者：滞在期間1年以内、年間10,000ドル相当額まで免税
タイ （第19条）	学生、事業修習者：滞在期間5年以内、生計及び教育に必要な収入は免税
中国 （第21条）	生計、教育又は訓練のために受け取る給与又は所得は免税（上限なし）
パキスタン （第21条）	学生：滞在期間3年以内、年間150万円まで免税 事業修習者：滞在期間1年以内、年間150万円まで免税
フィリピン （第21条）	学生：滞在期間5年以内、年間1,500ドル相当額まで免税 事業修習者：滞在期間1年以内、海外からの送金金額と併せて年間4,000ドル相当額まで免税

(注)　日印租税条約第20条（学生）においては、国内における人的役務提供による所得についての免税規定はありません。

2　租税条約における「学生」の範囲

（1）租税条約の規定

　租税条約における「学生条項」については、本事例の対象国との条約においても、次のとおり、規定ぶりが異なりますが、いずれの条約においても「学生」については定義されていません。その場合には、一般的定義規

定が適用され、国内法により判断することになります。

① 「専ら教育……を受けるため……一方の締約国内に滞在する学生」（日印租税条約、日韓租税条約、日中租税条約、日パキスタン租税条約、OECD モデル租税条約）

② 「当該一方の締約国内にある大学、学校その他の公認された教育機関の学生として……当該一方の締約国に一時的に滞在するもの」（日インドネシア租税条約）

③ 「当該一方の締約国内の大学その他の公認された教育機関において勉学をするため……当該一方の締約国内に一時的に滞在するもの」（日フィリピン租税条約）

④ 「大学その他の公認された教育機関において勉学するため……当該一方の締約国を訪問するもの」（日タイ租税条約）

OECD モデル租税条約第３条（一般的定義）２

　一方の締約国によるこの条約の適用に際しては、この条約において定義されていない用語は、文脈により別に解釈すべき場合又は両締約国の権限のある当局が第 25 条の規定に基づいて異なる意義について別に合意する場合を除くほか、この条約の適用を受ける租税に関する当該一方の締約国の法令において当該用語がその適用の時点で有する意義を有するものとする。（後略）

（2）国内法における「学生」の取扱い

　国内法において「学生」という場合、学校教育法第１条（学校とは、幼稚園、小学校、中学校、義務教育学校、高等学校、中等教育学校、特別支援学校、大学及び高等専門学校とする。）に規定する学校の学生、生徒又は児童と解されます。また、「教育機関」についても、学校教育法第１条に規定する学校をいうとされています。

　したがって、日本語学校などの専修学校又は各種学校に在学する就学生

は含まれません。

3　セービング・クローズの例外

　セービング・クローズとは、租税条約は、相手国居住者に適用されるもので、自国の居住者には適用されないという租税条約の一般原則ですが、学生条項はその例外規定であり、「現に他方の締約国の居住者であるもの」だけではなく、「その滞在の直前に他方の締約国の居住者であったもの」にも適用されます。したがって、1年以上の予定で来日し又は在留期間が1年以上となり、日本の居住者である者であっても、租税条約の免税要件に該当すれば免税の取扱いを受けることができます。

4　本事例における課税関係

　中国人留学生Uを除き、本事例のとおりです。Uについては、税務調査官の指摘のとおり、学生条項の適用がない居住者として、その給与について所得税を源泉徴収することになります。

Ａ DVICE 顧問先へのアドバイス

　外国人の学生アルバイトを採用する場合は、最低限、パスポート及び学生証の提示を求め、①来日直前にどこの国の居住者であったか（適用租税条約の判定）、②学校教育法第1条に規定する学校の学生か否か、及び③在留期間を確認しておく必要があります。

　その上で、適用すべき租税条約を確認し、免税の対象となる学生については、租税条約に関する届出書の提出を求めることが大切です。

　実務上は、採用の際に雇用者を納税管理人に指定する「納税管理人届出書」に自署押印を求めておき、雇用者が納税管理人として租税条約に関する届出書を作成することも考えられます。

253

Ⅴ　税務調査における指摘事例と留意事項

事例 33 　中国人技能実習生の給与

事例の概要

　パン製造業を行う内国法人 A 社は、外国人技能実習制度に基づき、事業協同組合（監理団体）を通じて中国から技能実習生 10 名（以下「本件実習生ら」といいます。）を受け入れ、自社パン製造工場においてパンの製造業務に従事させて給与（以下「A 社業務給与」といいます。）を支払っており、本件実習生らは来日 1 年後に「技能実習 2 号」の在留資格を取得しています。

　「技能実習 2 号」の在留資格取得後、実習生 P から A 社の社長甲氏に対し、中国にいる母親が病気になって治療費が必要なため工場の仕事が終わった後にアルバイトをしたい旨の申出があり、甲氏は近所で夜間も業務を行っている B 社のそう菜製造工場を実習生 P に紹介しました。すると、他の実習生からも B 社工場で働きたいと申出があり、B 社も夜間業務の人手が欲しいということになり、A 社は、B 社に対して夜間業務要員として本件実習生らを派遣して夜間業務（以下「本件業務」といいます。）に従事させ、A 社業務給与に加え、B 社から受け取った派遣料を本件実習生らに分配し、本件業務に係る給与（以下「本件給与」といいます。）として処理していました。

（A 社の対応）

　A 社は、本件実習生らは B 社においても食品製造の仕事をしており、本件給与については、A 社業務給与と同様、日中租税条約第 21 条に規定する所得税が免税となる「生計、教育又は訓練のために受け取る給付又は所得」に該当し、かつ、本件実習生らは租税条約に関する届出書を提出していることから、本件給与の支払に際し、所得税を源泉徴収していません

254

13 学生、事業修習者に関する事例

でした。

（税務調査官の指摘事項）

本件業務は、A社が認定を受けた外国人技能実習制度に基づく技能実習計画（以下「本件技能実習計画」という。）に定められた内容の業務ではなく、また、技能実習を行う事業所で通常行う業務ではないことから、本件業務の対価として受け取る本件給与は、日中租税条約第21条に規定する事業修習者として受け取る「生計、教育又は訓練のために受け取る給付又は所得」には該当しない。

したがって、本件実習生らに支払われる本件給与については、居住者として所得税を源泉徴収して納付する必要がある。

解説

1　日中租税条約における事業修習者の免税範囲

次のとおり、一般的な租税条約においては、OECDモデル租税条約第20条（学生）の規定のように、事業修習者が受け取る給付等の免税範囲は国外から支払われるものに限定されていますが、日中租税条約第21条（学生）においては、OECDモデル租税条約第20条ただし書のような規定がないため、国内で支払われた給与等であっても、「生計、教育又は訓練のために受け取る給付又は所得」であれば、免税とされています。

OECDモデル租税条約第20条（学生）

専ら教育又は訓練を受けるため一方の締約国内に滞在する学生又は事業修習者であって、現に他方の締約国の居住者であるもの又はその滞在の直前に他方の締約国の居住者であったものがその生計、教育又は訓練のために受け取る給付については、当該一方の締約国においては、租税を課することができない。ただし、その給付が当該一方の締約国外から支払われるものである場合に限る。（下線は筆者）

255

Ⅴ　税務調査における指摘事例と留意事項

日中租税条約第21条（学生）

　専ら教育若しくは訓練を受けるため又は特別の技術的経験を習得するため一方の締約国内に滞在する学生、事業修習者又は研修員であって、現に他方の締約国の居住者であるもの又はその滞在の直前に他方の締約国の居住者であったものがその生計、教育又は訓練のために受け取る給付又は所得については、当該一方の締約国の租税を免除する。

2　租税条約における事業修習者とは

（1）国税庁ホームページ

　事業修習者については、学生と同様、国内法に定義規定はありませんが、国税庁ホームページの質疑応答事例「専修学校等の就学生に対する免税条項の適用の是非」（247頁参照）においては、「事業修習者」の範囲について、一般論として「企業内の見習研修者や日本の職業訓練所等において訓練、研修を受ける者」と記載しています。

（2）平成21年3月24日裁決

　日中租税条約第21条の事業修習者について判断した平成21年3月24日裁決（以下「本件裁決」といいます。）においては、「事業修習者等は、在留資格をもって日本に滞在している者であり、許可された在留資格に応じたそれぞれの活動を行うことができるのであるから、技術等の修得をする活動を行う『研修』などの資格をもった者はその在留資格の基準に適合する活動を行わなければならず、たとえ、在留を許可され滞在している者であっても、在留資格の基準に適合しないような活動を行っている者にあっては、日中租税条約第21条に規定する事業修習者等には該当しないと解される。」と法令解釈しています。

3　在留資格に適合する活動

　本件裁決は、上記2（2）のとおり、「在留を許可され滞在している者であっても、在留資格の基準に適合しないような活動を行っている者にあっては、日中租税条約第21条に規定する事業修習者等には該当しない」

としています。

「技能実習2号」の在留資格は、監理団体によって認定基準を満たしていると認定された技能実習計画に基づいて業務を行う技能実習生が取得できる資格であるところ、確かに、本件実習生らは、「技能実習2号」の在留資格を取得した時点では本件技能実習計画に定められた業務を行うことが予定され、実際にA社においてはその業務を行っていますが、本件実習生らがB社工場で行っている本件業務は、本件技能実習計画に定められた業務ではなく、したがって、在留資格の基準に適合しない活動と認められます。

4 本事案における課税関係

税務調査官の指摘のとおり、本件給与は日中租税条約第21条の適用により免税となる所得等には該当しません。したがって、A社は、本件実習生らの本件給与については、居住者の給与として所得税を源泉徴収する必要があります。

Ａ DVICE 顧問先へのアドバイス

1 事業修習者該当性の判断

事業修習者に該当するかどうかについては、在留資格だけで判断するのではなく、実際の技能実習等において在留資格の基準に適合する活動が行われているかどうかで判断することに留意する必要があります。

外国人技能実習制度に基づく技能実習生の場合は、技能実習計画に定められた内容の業務を行っている限り事業修習者に該当しますが、その内容以外の業務を行って所得等を得た場合には、その所得等については免税とはなりません。

2 各租税条約における事業修習者の免税範囲

事業修習者の免税範囲については、各租税条約で区々であり、【事例32】のとおり、対象給付を国外支払の教育訓練手当等に限定する一般的な

V 税務調査における指摘事例と留意事項

条約のほか、上限金額を設定して国内における人的役務提供による所得を免税とする条約や免税対象者の滞在期間を限定する条約もあるため、それぞれの租税条約の規定の内容を吟味し、その免税範囲を確認する必要があります。

COLUMN　調査対策は日常業務にあり🔍

その7 匿名組合分配金など租税条約に規定が見当たらない所得についての課税関係の検討方法

　所得税法第212条第1項は、非居住者や外国法人に対して同法第161条第1項第4号から第16号までの国内源泉所得（外国法人の場合は第12号の国内源泉所得（給与等）が除かれます。）の支払をする者に対して、所得税の源泉徴収義務を課しています。

　ところで、所得税法第161条第1項第5号から第12号までの国内源泉所得に対応する所得の種類については、その定義が異なる場合はあるものの、租税条約においても規定されており、国内法と租税条約との適用関係を検討するのは比較的容易です。しかしながら、次に掲げる同項第13号から第16号までの国内源泉所得については、一見したところ、租税条約には規定が見当たらないため、租税条約との適用関係をどのように検討すればよいか迷うかもしれません。

　第13号…国内において行う事業の広告宣伝のための賞金

　第14号…国内にある営業所等を通じて締結した生命保険契約に基づく年金等

　第15号…国内にある営業所等を通じて締結した定期積金の給付補填金等

　第16号…国内において事業を行う者との匿名組合契約に基づく利益の分配（以下「匿名組合分配金」といいます。）

　ここでは、所得税法第161条第1項第16号の匿名組合分配金を例に、このような所得についての租税条約の参照の仕方をみてみましょう。

（1）租税条約の匿名組合条項を参照

　匿名組合契約は、日本の商法に規定する契約であり、租税条約のひな形である OECD モデル租税条約には規定がありませんが、国際投資に利用されるケースがあったことから、日英租税条約第 20 条（匿名組合）や日仏租税条約第 20 条の A（匿名組合）のように租税条約の条項として規定されている場合があります。

　この場合は、租税条約の匿名組合条項を参照することになりますが、基本的には国内法により課税する旨規定されています。ただし、確認は必要です。

（2）租税条約のその他所得条項を参照

　租税条約に匿名組合条項がない場合、租税条約にはバスケット・クローズとして、いわゆる「その他所得条項」があり、他の条項で規定している所得以外の所得（その他の所得）の取扱いについて規定しています。OECD モデル租税条約は、その他の所得については居住地国課税としており、日本が締結している租税条約の多くは OECD モデル租税条約に準拠して居住地国課税としていますが、中には、日星租税条約、日加租税条約、日豪租税条約のように源泉地国課税としているもの（東南アジア、中東、中南米諸国との間の租税条約に多くみられます。）もあります。

　匿名組合分配金は、上記（1）のように租税条約の条項に規定されている場合や、下記（3）のように租税条約議定書（以下「議定書」といいます。）に個別に規定されている場合を除き、その他所得条項が適用されますが、その他所得条項において源泉地国課税とされている場合には、国内法により源泉分離課税されることになります。なお、このことは、所得税法第 161 条第 1 項第 13 号から第 15 号までの国内源泉所得についても同様です。

13 学生、事業修習者に関する事例

（3）租税条約の議定書を参照

　議定書は、それぞれの締約国の税制等において規定している固有の所得や税等について、自国における取扱いを相手国に認めてもらう場合などに規定されますが、租税条約の条項と同じ効力を有しています。

　匿名組合契約は、上記（1）のように租税条約の条項として規定される場合もありますが、基本的には日米租税条約議定書13、日蘭租税条約議定書9、日独租税協定議定書4（a）（iii）のように、議定書に規定されている場合が多いので、支払相手の非居住者等の居住地国との租税条約を検討する際には、議定書のチェックを忘れないようにしましょう。

　議定書において匿名組合分配金について規定している場合は、確認は必要ですが、基本的には国内法により課税する旨規定されています。

261

V 税務調査における指摘事例と留意事項

14 民法組合契約等の外国組合員に対する利益の配分に関する事例

　民法組合契約等の外国組合員は、国内にその共同事業に係る恒久的施設（以下「組合 PE」といいます。）を有することになりますが、民法組合契約等に基づいて行われる事業（以下「組合契約事業」といいます。）から生じた利益の配分については所得税が源泉徴収されます（所法 161 条 1 項 4 号、212 条 1 項）。なお、組合 PE を有する外国組合員は、最終的には PE 帰属所得について申告納税する（所法 164 条 1 項 1 号イ、法法 141 条 1 号イ）ことになります。

　ここでいう民法組合契約等とは、民法第 667 条第 1 項（組合契約）に規定する組合契約のほか、次のものをいいます（所令 281 条の 2）。

① 　投資事業有限責任組合契約に関する法律第 3 条第 1 項（投資事業有限責任組合契約）に規定する投資事業有限責任組合契約

② 　有限責任事業組合契約に関する法律第 3 条第 1 項（有限責任事業組合契約）に規定する有限責任事業組合契約

③ 　外国における次に掲げる契約に類する契約

　・民法第 667 条第 1 項（組合契約）に規定する組合契約

　・上記①②に掲げる契約

　ただし、これらの組合の有限責任組合員の中には、組合契約事業に投資を行う投資家に近く、共同事業性が希薄な者もいることから、投資事業有限責任組合契約（外国におけるこれに類するものを含みます。以下「投資組合契約」といいます。）を締結している外国組合員のうち、一定の要件を満たすものについては、その投資組合契約に基づいて行う事業（以下「投資組合契約事業」といいます。）に係る組合 PE に帰属する一定の国内源泉所得について、所得税及び法人税を課さないこととされています（措法 41 条の 21、67 条の 16）。

262

14　民法組合契約等の外国組合員に対する利益の配分に関する事例

　ここでは、【事例34】で投資組合契約を締結している外国組合員に対する利益の配分のケースを取り上げます。

Ⅴ　税務調査における指摘事例と留意事項

事例34　投資事業有限責任組合の外国組合員に配分する利益

事例の概要

　内国法人Ｒ社は、香港法人Ａ社とＢ社、及びシンガポール法人Ｃ社、
Ｄ社、Ｅ社と投資事業有限責任組合契約を締結し（以下「Ｑ投資組合契約」
といいます。）、Ｑ投資事業有限責任組合を組成しました（以下「Ｑ組合」
といい、Ｑ組合の投資組合契約事業に係るPEを「Ｑ組合PE」といいます。）
が、Ｑ組合の業務執行は、無限責任組合員であるＲ社（組合財産に対す
る持分割合20％）が行っています。各組合員のＱ組合の投資組合契約事
業に対する関与の程度は、次のとおりです。

・Ａ社は、Ｑ組合の無限責任組合員で、その組合財産に対する持分割合
　は20％です。

・Ｂ社は、Ｑ組合の有限責任組合員で、その組合財産に対する持分割合は
　15％ですが、契約上Ｒ社が行う投資組合契約事業に係る業務執行の決
　定について承認する権利を有し、実際にこれを行使しています。

・Ｃ社、Ｄ社及びＥ社は、Ｑ組合の有限責任組合員で、その組合財産に
　対する持分割合はそれぞれ25％、10％、10％ですが、契約上Ｒ社が行
　う投資組合契約事業に係る業務執行の決定について承認する権利等は有
　しておらず、実際にＲ社が行う投資組合契約事業に係る業務執行には
　かかわっていません。

　なお、Ｂ社、Ｃ社及びＤ社は、Ｑ組合PE以外に国内にPEは有してい
ませんが、Ｅ社はＱ組合PE以外に国内にPEがあり、そのPEに帰属す
る所得を有しています。また、Ｂ社、Ｃ社、Ｄ社及びＥ社は、無限責任
組合員であるＲ社及びＡ社と「特殊の関係」にはありません。

　Ｑ組合は、不動産関連法人ではない内国法人の未上場株式を３年間保有

264

していましたが（買集めをした株式ではなく、出資割合は24％）、これを売却して売却益を得たため、各組合員に利益を配分することとしました。

（R社の対応）

R社は、各組合員はすべて法人であるところ、本件組合利益は、所得税法第1項第4号に掲げる国内源泉所得であり、法人税法第138条第1項第3号に掲げる「国内にある資産の譲渡」により生ずる国内源泉所得には該当しないため、投資事業有限責任組合の外国組合員に対する課税の特例制度の対象となる国内源泉所得に該当する（下記解説参照）ことから、Q組合に係る利益を各組合員に配分するに当たり、無限責任組合員であるA社に対する組合利益の配分については、税率20.42％で所得税を源泉徴収しましたが、有限責任組合員であるB社、C社、D社及びE社に対する業務執行を行っていない組合利益の配分については、所得税を源泉徴収していませんでした。

税務調査官の指摘事項

B社、C社、D社及びE社は、次の要件を満たしていないため、投資事業有限責任組合の外国組合員に対する課税の特例制度を適用できる外国組合員には該当せず、それぞれの組合利益の配分について所得税を源泉徴収する必要がある。

・B社：R社が行うQ組合の投資組合契約事業に係る業務執行の決定について承認しており、第2号要件（下記解説参照）を満たしていない。

・C社：Q組合の組合財産に対する持分割合が25％であり、第3号要件（下記解説参照）を満たしていない。

・D社：適用要件は満たしているが、手続要件である必要書類を添付した「特例適用申告書」（下記解説参照）をR社を経由して税務署に提出していなかったため、本特例の手続要件を満たしていない。

・E社：組合PE以外に国内にPEがあり、別途PE帰属所得を有してい

265

V　税務調査における指摘事例と留意事項

ることから、第5号要件（下記解説参照）を満たしていない。

解説

1　民法組合契約等の外国組合員に対する原則的な課税

　民法組合契約等の外国組合員は、国内にその共同事業に係る組合PEを有することになり（所基通164-4）、組合PEを通じて行う組合契約事業から生じた利益の配分については所得税が源泉徴収されます（所法161条1項4号）（Ⅱの「第2　源泉徴収課税の対象となる国内源泉所得　5　民法組合等の外国組合員に対する源泉徴収制度」（35頁）参照）。

2　投資事業有限責任組合の外国組合員に対する課税の特例制度

　有限責任組合員の中には、投資組合契約事業に投資を行う投資家に近く、共同事業性が希薄な者もいることから、平成21年度税制改正（平成30年度税制改正により改組）により、投資組合契約を締結している外国組合員のうち、一定の要件を満たすものについては、その投資組合契約事業に係る組合PEに帰属する一定の国内源泉所得について、所得税及び法人税を課さないこととされています（措法41条の21、67条の16。以下「本特例」といいます。）。

（注）平成21年度税制改正においては、一定の要件を満たすものについて「PEを有しないものとみなす措置」とされていましたが、平成30年度税制改正において、PEの定義について、租税条約において国内法の規定と異なる定めがある場合には租税条約上のPEを国内法上のPEとする旨の整備がされたことを受け、一定の要件を満たすものについて「PE帰属所得に対する所得税及び法人税を非課税とする措置」に改組されました。

（1）非課税となる所得

　本特例により非課税となる所得は、次のとおりです。

①　所得税の特例（措法41条の21第1項）

　次に掲げる国内源泉所得で、投資組合契約事業に係る組合PEに帰せられるものとなります。

266

イ　非居住者である外国組合員

所得税法第 161 条第 1 項第 1 号及び第 4 号に掲げる国内源泉所得（同項第 2 号、第 3 号、第 5 号から第 11 号まで及び第 13 号から第 17 号までに掲げる国内源泉所得に該当するものを除きます。）

(注) 対象国内源泉所得（本特例の適用により非課税となる国内源泉所得）から除かれる国内源泉所得は、PE を有しない非居住者の総合課税又は分離課税の対象となる国内源泉所得であり、本特例の対象となる PE 帰属所得に該当しないものとみなして所得税法等を適用することになります（措法 41 条の 21 第 3 項）。

ロ　外国法人である外国組合員

所得税法第 161 条第 1 項第 1 号及び第 4 号に掲げる国内源泉所得

② **法人税の特例（措法 67 条の 16 第 1 項）**

法人税法第 138 条第 1 項（第 1 号の国内源泉所得（同項）第 2 号から第 6 号までに掲げる国内源泉所得に該当するもの並びに所得税法第 161 条第 1 項第 8 号から第 11 号まで及び第 13 号から第 16 号までに掲げる国内源泉所得に該当するものを除きます。）で組合 PE に帰せられるものとなります。

(注) 対象国内源泉所得（本特例の適用により非課税となる国内源泉所得）から除かれる国内源泉所得は、PE を有しない外国法人の所得税の課税標準又は法人税の課税標準となる国内源泉所得であり（所法 178 条、法法 141 条 2 号）、本特例の対象となる PE 帰属所得に該当しないものとみなして法人税法等を適用することになります（措法 67 条の 16 第 3 項）。

（2）適用要件

外国組合員が、次の 5 つの要件を満たす必要があります（措法 41 条の 21 第 1 項）。

① 投資組合契約によって成立する投資組合の有限責任組合員であること（第 1 号要件）

② 投資組合契約に基づいて行う事業に係る業務の執行を行わないこと

Ⅴ 税務調査における指摘事例と留意事項

（第2号要件）

③ 投資組合契約に係る組合財産に対する持分割合が25％未満であること（第3号要件）

④ 投資組合契約によって成立する投資組合の無限責任組合員と「特殊の関係」にある者でないこと（第4号要件）

（注）ここでいう「特殊の関係」については、租税特別措置法施行令第26条の30第9項及び第6項を参照してください。

⑤ 投資組合契約に基づいてPEを通じて事業を行っていないとしたならば、PE帰属所得を有しないこととなること（第5号要件）

（注）投資組合契約の締結の日に第5号要件を満たしていない外国組合員が、PEの閉鎖などにより他のPEを有しなくなり、第5号要件を満たすことになった場合については、第5号要件以外の適用要件をその投資組合契約の締結の日から継続して満たし、かつ、第5号要件をその満たすこととなった日から継続して満たしていることを条件として、本特例を適用することができるという特則があります（措令26条の30第15項、39条の33第2項）。

（3）適用手続

適用要件を満たす外国組合員が、所定の書類（「特例適用申告書」様式）に必要事項を記載し、上記（2）①から③の要件を満たすことを証する書類として投資組合契約の契約書の写しを添付したもの（以下「特例適用申告書」といいます。）を、投資組合の無限責任組合員で組合利益の「配分の取扱者」を経由して、支払事務所等の所在地の税務署長に提出する必要があります（措法41条の21第5項、措規19条の12第2項）。

本特例は、その投資組合の組合契約締結の日から特例適用申告書の提出の日まで継続して上記の第1号要件から第5号要件を満たしている場合に限り、その特例適用申告書の提出の日以後の期間について、適用を受けることができます。

3　投資組合契約に係る「業務執行」について

第2号要件の投資組合契約に基づいて行う業務の執行（以下「業務執行」

といいます。）については、次の**（1）**のとおり、租税特別措置法施行令に規定がありますが、より具体的には、次の**（2）**のとおり、経済産業省のホームページに掲載されています。

（1）　投資組合契約に係る「業務執行」の意義

次の行為は、投資組合契約に係る「業務執行」に該当するとされます。

① 　投資組合契約に係る業務執行（措令26条の30第1項1号）

② 　投資組合契約に係る業務執行の決定（措令26条の30第1項2号）

③ 　投資組合契約に係る業務執行又はその決定についての承認、同意その他これに類する行為（措令26条の30第1項3号）（以下「業務執行等についての承認等」といいます。）

なお、「その他これらに類する行為」には、投資組合事業に係る業務の執行又はその決定についての不承認・不同意等が含まれます。

（2）「業務の執行」に該当しない行為か否かの例

経済産業省は、ホームページに掲載している「外国組合員に対する課税の特例、恒久的施設を有しない外国組合員の課税所得の特例における『業務執行として政令で定める行為』について『Q&A』」（以下「経産省Q&A」といいます。）において、より具体的に、次の例を掲載しています。

① 　**業務執行とは関係のない行為**

投資組合の基礎に係る権利（契約の変更や解散請求権等。無限責任組合員選任・解任等構成員に関する権利を含む。）、監督権（財務諸表の閲覧権や業務・財産の検査権）、自身の利益確保のための権利（持分払戻請求権や利益分配請求権）に基づく行為

② 　**具体的な有限責任組合員の行為が「業務執行等についての承認等」に該当するか否かの判定**

イ　契約等で定められた無限責任組合員の業務執行権限の範囲内の投資案件について、その実行前にその適否について有限責任組合員が承認等をすること

⇒「業務執行等についての承認等」に該当する。

ロ 契約等で、無限責任組合員による一部の投資を原則として制限しつつも、有限責任組合員の承認等があれば当該投資を行うことができる旨の定めがある場合に、当該定めに基づいて無限責任組合員の投資について有限責任組合員が承認等をすること（例えば、投資ガイドライン等で一定額以上の投資について一定の有限責任組合員の承認が必要である旨定められている場合の、当該有限責任組合員の承認等）

⇒「業務執行等についての承認等」に該当する。

ハ 有限責任組合員が無限責任組合員の利益相反取引について承認等すること

・無限責任組合員が行う利益相反取引が組合の事業目的達成のために行われる場合

⇒「業務執行等についての承認等」に該当する。

・有限責任組合員が無限責任組合員の利益相反行為について事前に説明・報告を受けることや、これに対して助言すること（無限責任組合員の業務執行に対する拘束力がない場合）、異議を申し立てること（実質的に承認と変わらない場合は除く）

⇒「業務執行等についての承認等」に該当しない。

ニ 投資可能限度額の変更や投資可能資産の変更等、個別の判断を離れて事前に行われる無限責任組合員の業務執行権限の範囲の変更について有限責任組合員が承認等すること

⇒「業務執行等についての承認等」に該当しない。

ホ 無限責任組合員に対して助言すること

・有限責任組合員の助言に無限責任組合員の業務執行に対する拘束力がない場合

⇒「業務執行等についての承認等」に該当しない。

・有限責任組合員の助言が無限責任組合員の業務執行に対して拘束力を持つ場合

⇒「業務執行等についての承認等」に該当する。

4　本事例における課税関係

（1）源泉所得税

　税務調査官の指摘のとおり、R社は、B社、C社、D社及びE社に対して組合利益を配分するに際し、所得税を源泉徴収して納付する必要があります。

（2）法人税

　各外国組合員（A社、B社、C社、D社及びE社）は、Q組合から配分された所得についてPE帰属所得として法人税の申告を行う必要があります。

Ａ DVICE 顧問先へのアドバイス

1　本特例の適用を受けるためには「特例適用申告書」の提出が必要

　租税特別措置法第41条の21第5項は、本特例を受けようとする非居住者又は外国法人が「特例適用申告書」を「所轄税務署長に提出しており、かつ、当該投資組合契約の締結の日からその提出の日までの間継続して第1項各号に掲げる要件を満たしている場合に限り、その提出の日以後の期間について、適用する」と規定していますので、仮に第1号要件から第5号要件を満たしていたとしても、本特例の適用を受けるためには「特例適用申告書」の提出が必要であり、本特例が適用できるのは「特例適用申告書」の提出日以後の期間となります。

2　第2号要件の「業務執行を行わないこと」の判断

　第2号要件の「業務執行を行わないこと」は事実認定により判断されるものと考えられますが、投資組合契約は民法第667条第1項（組合契約）の特例であり、有限責任組合員を含む全ての組合員は、最低限「業務執行又はその決定についての承認、同意その他これらに類する行為」をする権限を有していることになり、基本的には第2号要件の「業務執行を行わないこと」を満たさないことになります。

Ⅴ 税務調査における指摘事例と留意事項

第2号要件を満たすためには、経産省 Q&A を参考に、投資組合契約に係る契約書に有限責任組合員の業務執行の権限を制限する条項等を設けておき、実際にその条項等を履行することが有効と考えます。

3 本特例の対象となる国内源泉所得の範囲

本特例の対象となる国内源泉所得は、上記解説のとおり、外国法人である外国組合員においては、所得税法の特例については、所得税法第 161 条第 1 項第 1 号及び第 4 号に掲げる国内源泉所得（PE 帰属所得及び組合契約事業利益の配分）が対象となり、法人税法の特例については、法人税法第 138 条第 1 項第 1 号に掲げる国内源泉所得（PE 帰属所得。法人税法第 138 条第 1 項第 3 号など PE を有しない外国法人の所得税の課税標準又は法人税の課税標準となる国内源泉所得を除きます。）が対象となります。

本事例における Q 組合による株式の譲渡は、不動産関連法人の株式の譲渡でも買集めをした内国法人の株式の譲渡でもなく、出資割合が24％であり事業譲渡類似株式の譲渡にも該当しない（注）ことから、Q 組合の組合利益は、法人税法第 138 条第 1 項第 3 号に掲げる「国内にある資産の譲渡」により生ずる国内源泉所得には該当しないため、外国組合員の課税特例制度の対象となる国内源泉所得に該当します。

（注）民法組合契約等によって成立する組合が事業譲渡類似的な株式の譲渡を行った場合の事業譲渡類似株式譲渡益課税の要件（所有株数要件、譲渡株数要件）の判定は、組合単位で行うこととされています（所令281条4項3号、法令178条4項3号）。本事例においては、組合単位で判定しても所有株数要件（25％以上）を満たさないことから、事業譲渡類似株式の譲渡には該当しないことになります。

なお、投資事業有限責任組合の有限責任組合員のうち組合事業に係る業務の執行を行わないなど一定の要件を満たす外国組合員が譲渡を行った場合については、組合員単位で判定する特例があります（措令 26 条の 31 第 1 項、39 条の 33 の 2 第 1 項）。

一方、国内に PE を有しなくても課税となる国内源泉所得については、本特例の対象とはなりません。例えば、投資組合契約における組合財産が国内にある不動産であり、投資組合契約事業に係る収益が不動産賃貸収入や不動産譲渡収入である場合は、これらの国内源泉所得は国内に PE を有しなくても課税となることから、その投資組合の外国組合員は、仮に第 1 号要件から第 5 号要件までの適用要件を満たしていたとしても、その組合利益の配分について本特例の適用を受けることはできません。したがって、その組合利益を外国組合員に配分する者は、その配分の際に所得税を源泉徴収して納付する必要があります。

4　源泉徴収免除制度の不適用

国内にある PE を通じて事業を行う非居住者、外国法人が、PE 帰属所得について所得税、法人税を申告している場合には、その納税地の所轄税務署長から源泉免除証明書の交付を受け、これを国内源泉所得の支払者に提示した場合には、PE に帰属する国内源泉所得のうち特定のものについては、源泉徴収が免除されます（Ⅱの「第 2　源泉徴収課税の対象となる国内源泉所得　1　源泉徴収課税の対象となる国内源泉所得（国内法）（3）国内に恒久的施設（PE）を有している場合における源泉徴収免除」(28頁) 参照。以下「源泉徴収免除制度」といいます。)。

この特定の国内源泉所得には所得税法第 161 条第 1 項第 4 号の組合 PE 所得が含まれますが、組合 PE 以外の PE に帰せられるものに限られることから（所法 180 条 1 項かっこ書、214 条 1 項かっこ書）、組合 PE 以外の PE を有していない場合の組合 PE 所得については、源泉徴収免除制度は適用されないことになります。

監修者紹介

牧野　好孝（まきの　よしたか）

東京都出身。東京国税局採用。東京国税不服審判所審査官、東京国税局調査第一部国際調査課国際調査係長、麻布税務署国際調査情報官（源泉所得税担当）、麹町税務署国際調査情報官（法人税担当）などを歴任。2002 年に退官し、同年に税理士開業。

著書に『租税条約適用届出書の書き方パーフェクトガイド』（税務研究会）、『事例でわかる国際源泉課税』（税務研究会）、『入門 国際源泉課税と税務調査 Q & A』（税務研究会）、『TAX & LAW 国際税務の実務と対策』（分担執筆）（第一法規）など。また、国際源泉課税に関する各種セミナー講師を務める。

著者紹介

杉山　茂（すぎやま　しげる）

宮城県出身。東京国税局採用。同局直税部法人税課及び麻布税務署、麹町税務署統括国税調査官（源泉所得税調査担当）、麹町税務署国際調査情報官（源泉所得税担当）などを通じて、長年にわたり源泉所得税の事務運営や調査事務を担当。練馬東税務署副署長、税務大学校教育第二部教授、玉川税務署長、東京国税不服審判所国税審判官、柏税務署長などを歴任。2011 年に退官し、同年に税理士開業。

上野　登（うえの　のぼる）

北海道出身。東京国税局採用。同局課税第二部法人課税課等にて源泉所得税審理係長、源泉所得税監理係長、主査（源泉所得税担当）などを通じて、長年にわたり源泉所得税の事務運営や審理事務を担当。向島税務署副署長、税務大学校東京研修所主任教育官、東京国税局調査第一部特別国税調査官、同調査第二部統括国税調査官、東京国税不服審判所国税審判官、税務大学校研究部教授、茂原税務署長などを歴任。2012 年に退官し、同年に税理

士開業。

山崎　昇（やまざき　のぼる）

東京都出身。東京国税局採用。麹町税務署国際調査情報官（源泉所得税担当）付上席調査官として国際源泉課税調査に従事。外国法人課税、国際課税について、税務大学校研究部教育官、教授として理論研究、東京国税局調査第一部国際税務専門官、特別国税調査官等として課税実務、国税庁調査課主査（海外調査、国際担当）として管理指導事務に従事。国税不服審判所国税審判官（法人税、国際課税担当）、東京国税局調査第一部国際情報第二課長、第三部調査総括課長、第一部国際監理官、豊島税務署長などを歴任。2016 年に退官し、同年に税理士開業。

サービス・インフォメーション
──── 通話無料 ────

① 商品に関するご照会・お申込みのご依頼
　　　TEL 0120(203)694／FAX 0120(302)640
② ご住所・ご名義等各種変更のご連絡
　　　TEL 0120(203)696／FAX 0120(202)974
③ 請求・お支払いに関するご照会・ご要望
　　　TEL 0120(203)695／FAX 0120(202)973

●フリーダイヤル(TEL)の受付時間は、土・日・祝日を除く
　9：00〜17：30です。
●FAXは24時間受け付けておりますので、あわせてご利用ください。

税務調査官の視点からつかむ　源泉所得税の実務と対策
〜国内外の最新事例による顧問先へのアドバイス〜

2019年5月30日　初版発行

監修者　　牧　野　好　孝
著　者　　杉　山　　　茂
　　　　　上　野　　　登
　　　　　山　崎　　　昇

発行者　　田　中　英　弥

発行所　　第一法規株式会社
　　　　　〒107-8560　東京都港区南青山2-11-17
　　　　　ホームページ　http://www.daiichihoki.co.jp/

装　丁　　篠　　　隆　二

税務調査源泉税　ISBN 978-4-474-06751-6 C2033（2）